LOGÍSTICA
EFICIENTE

EDUARDO LINHARES

LOGÍSTICA EFICIENTE

UM GUIA PRÁTICO EM BUSCA DA EXCELÊNCIA OPERACIONAL

SÃO PAULO, 2024

LOGÍSTICA EFICIENTE

Copyright © 2024 by Eduardo Linhares
Copyright © 2024 by Novo Século Ltda.

EDITOR: Luiz Vasconcelos
COORDENAÇÃO EDITORIAL: Silvia Segóvia
PREPARAÇÃO: Marsely de Marco
REVISÃO: Andrea Basoto
PROJETO GRÁFICO E DIAGRAMAÇÃO: Natalli Tami Kussunoki
CAPA: Natalli Tami Kussunoki

Texto de acordo com as normas do Novo Acordo Ortográfico da Língua Portuguesa (1990), em vigor desde 1o de janeiro de 2009.

Dados Internacionais de Catalogação na Publicação (CIP)
Angélica Ilacqua CRB-8/7057

Linhares, Eduardo
 Logística eficiente / Eduardo Linhares. -- Barueri, SP : Novo Século Editora, 2024.
 120 p.

ISBN 978-65-5561-693-4

1. Logística I. Título

24-0162   CDD 658.7

Índice para catálogo sistemático:
1. Logística

Alameda Araguaia, 2190 – Bloco A – 11o andar – Conjunto 1111
CEP 06455-000 – Alphaville Industrial, Barueri – SP – Brasil
Tel.: (11) 3699-7107 | E-mail: atendimento@gruponovoseculo.com.br
www.gruponovoseculo.com.br

SUMÁRIO

INTRODUÇÃO 7

1 CADEIA DE SUPRIMENTOS 11
    Fluxo logístico 16
    Centro de distribuição 17

2 DEMANDA 23

3 POLÍTICA DE ESTOQUE 37
    Custo de realizar o pedido 43
    Custo de armazenar o estoque 44
    Custo relevante total 45

4 PROCESSOS INTERNOS DO ARMAZÉM 51
    Layout 53
    Estrutura 57
    Endereçamento e identificação 59
    Flexibilidade e escalabilidade 63
    Segurança 63

5 LOGÍSTICA DE ENTREGA 105
    Custos 108
    Política de rotas 111

CONCLUSÃO 117

INTRODUÇÃO

CARO LEITOR

Primeiramente, gostaria de expressar minha sincera gratidão por escolher este livro. Sua presença aqui simboliza uma jornada compartilhada de descoberta e crescimento no fascinante mundo da logística.

Este livro é dedicado ao campo incrível e dinâmico da logística e da gestão da cadeia de suprimentos. Em um mundo em que a eficiência, a velocidade e a precisão tornaram-se imperativos, muitos enfrentam desafios em otimizar suas operações logísticas. Seja você um profissional da área buscando aprimorar seus conhecimentos, um empresário tentando entender como aperfeiçoar sua cadeia de suprimentos, ou um estudante curioso sobre o tema, este livro foi escrito pensando em você.

Ao longo destas páginas você encontrará *insights* valiosos e estratégias práticas que colecionei ao longo da minha carreira. Minha jornada começou na logística, enfrentando e superando os desafios com os quais você talvez esteja se deparando agora. Tive a oportunidade de colocar à prova todos os conceitos aqui apresentados. Como toda jornada, minha curva de aprendizado baseou-se em acertos e erros. Como o ensino faz parte da minha carreira, fui professor de logística, especializei-me em *supply chain* (Cadeia de Suprimentos) e conquistei um MBA em inteligência artificial e um diploma de mestrado com o tema de previsão de demanda nas cadeias de abastecimento. Essas experiências, combinadas há anos de consultoria, moldaram minha compreensão e abordagem nesse campo, permitindo-me oferecer soluções que foram testadas e comprovadas no mundo real.

Ao mergulhar neste conteúdo, você descobrirá métodos para melhorar a eficiência de suas operações logísticas, reduzir custos e aumentar a satisfação do cliente. Mas, mais do que isso, você aprenderá a pensar criticamente sobre a logística, tornando-se capaz de adaptar-se às constantes mudanças desse setor.

Minha experiência pessoal e profissional é testemunha dos benefícios que essas práticas podem trazer. Implementando as estratégias discutidas neste livro, eu e muitos dos meus colegas e clientes, pudemos transformar nossas operações, alcançando níveis de sucesso que antes pareciam inatingíveis.

Portanto encorajo você a não apenas ler, mas a aplicar ativamente os conhecimentos e técnicas apresentados. Quanto mais cedo você utilizar essas práticas no seu trabalho ou estudo, mais rápido poderá colher os frutos de uma logística eficiente.

Finalmente, faço um apelo a você, leitor: embarque nesta jornada comigo. Vamos descomplicar a logística juntos, transformando desafios em trampolins para o sucesso. A excelência operacional está ao seu alcance, e este livro é o seu guia. Afinal, a logística pode ser simples.

Com apreço e entusiasmo pela jornada que temos pela frente,

EDUARDO LINHARES

1 CADEIA DE SUPRIMENTOS

AFINAL, O QUE É A CADEIA de Suprimentos ou *Supply Chain*? Como ela nos afeta em nosso dia a dia? Podemos entender, de forma simplificada, como sendo o fluxo do produto ao longo da jornada de compra e consumo e todas as suas derivações, como a troca de informações, pontos de contato, pagamento, aceite e até mesmo a devolução, caso ocorra.

A partir do momento em que os desenvolvedores de produtos e serviços criam a demanda do consumo, o fluxo do produto faz-se necessário para que, fisicamente, desde as matérias-primas até o produto acabado no ponto de venda, estejam disponíveis ao longo da cadeia para as indústrias, os distribuidores, as lojas e o consumidor ou os prestadores de serviços, no local certo e na hora certa.

Esse fluxo pode ser exemplificado pelo ciclo abaixo, em que podemos ver cada etapa da cadeia de suprimentos.

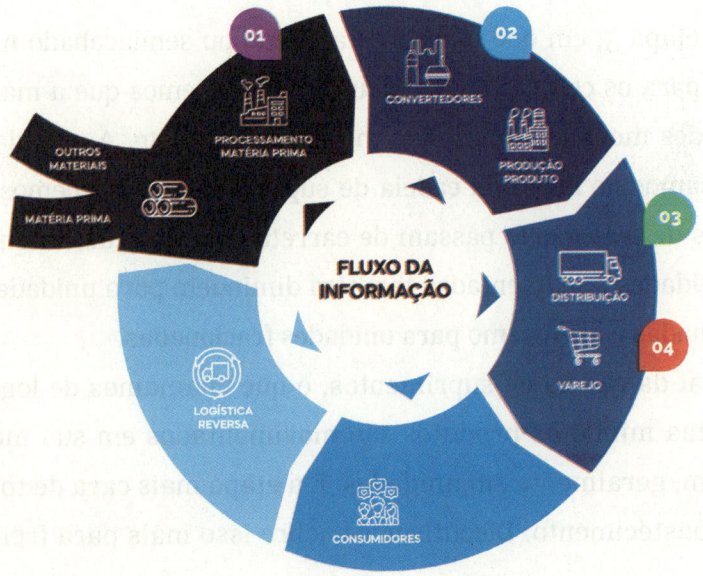

Cada etapa exige uma estrutura de logística e armazenagem muito específica; por exemplo, na etapa 1, em que são movimentadas as matérias-primas para as indústrias de transformação, geralmente vemos grandes veículos para carregamento e transporte de madeira, minérios, petróleo, produtos orgânicos etc. Nas indústrias, os sistemas de armazenagem também precisam adequar-se para garantir a qualidade e a integridade da matéria-prima até a sua transformação.

Na etapa 2, as movimentações de produtos pré-processados para as indústrias de produtos acabados são realizadas em veículos menores como carretas e bitrens. Nessa etapa vemos a padronização em unidades de agrupamento em paletes. Os paletes são a base de movimentação e estocagem ao longo da cadeia de suprimentos, pois é a partir deles que se definem padrões de equipamentos, como empilhadeiras e estruturas de porta-paletes, para a realização de carregamentos, movimentações e armazenamento daqui para frente. Por fim, com essa padronização é possível reduzir o custo da cadeia de suprimentos, uma vez que serão necessárias menos manipulações dos produtos em cada etapa de movimentação.

Já na etapa 3, em que o produto acabado ou semiacabado movimenta-se para os centros de distribuição, percebemos que a maioria das unidades movimentam-se em múltiplos de palete. A medida em que avançamos ao longo da cadeia de suprimentos, percebemos que os veículos de transporte passam de carretas para veículos menores e as quantidades movimentadas também diminuem para unidades de caixas fechadas e até mesmo para unidades fracionadas.

Ao final da cadeia de suprimentos, o que chamamos de logística de última milha, os produtos são movimentados em sua menor embalagem, geralmente em unidades. É a etapa mais cara de todo o ciclo de abastecimento. Discutiremos sobre isso mais para frente e explicaremos também como é uma grande oportunidade para prestação de serviços.

Existe ainda a cadeia reversa, em que muitos produtos geram embalagens ou resíduos após o seu consumo. A logística reversa vem ganhando cada vez mais espaço nas estratégias das empresas por questões econômicas, como a reciclagem de produtos; e também por questões ambientais, devido a exigências das agências reguladoras, como o descarte adequado de resíduos que são agressivos ao meio ambiente, tais como embalagens de agrotóxicos, pilhas, eletrônicos, produtos alimentícios vencidos e impróprios ao consumo. Até mesmo a indústria farmacêutica vem utilizando a logística reversa.

Como vimos, para que seja possível irmos até um supermercado ou pedir algum produto pela internet, existe uma jornada muito longa em que o produto foi transportado e transformado até estar disponível para a sua última compra pelo consumidor final.

Essa é uma forma muito simplificada de enxergarmos a cadeia de suprimentos. Na prática, ela ramifica-se em múltiplos pontos de contato entre os fornecedores e os clientes de cada etapa nessa jornada, envolve a negociação e os transportes intercontinentais para o suprimento de matéria-prima, e a produção do produto acabado, além de negociações e transportes locais para a logística de última milha. A cadeia de suprimentos transforma-se em uma rede de suprimentos e o termo Rede de Suprimentos tem feito cada vez mais sentido.

Em toda a Rede de Suprimentos haverá a necessidade de armazenamento de alguma matéria-prima, insumo ou produto acabado. Neste livro discutiremos as melhores práticas de gestão de estoque e logística e seus custos para que, independentemente do setor de atuação, possamos ter um guia em busca de um nível de serviço com excelência e com o menor custo possível nos processos internos.

FLUXO LOGÍSTICO

O que há em comum entre um fertilizante agrícola, um microprocessador e um par de óculos? Eles estão em pontos diferentes nos estágios da cadeia de suprimentos, mas compartilham das mesmas necessidades de gestão para tomada de decisão. Para que eu atenda o cliente que busca esses itens preciso:

- Entender a minha demanda e como devo fazer sua predição.
- Decidir a política de compras por canal, ou seja, quanto preciso de estoque e quando devo reabastecer.
- Definir os processos internos no armazém para se ter um nível de serviço eficiente ao atender aos pedidos dos clientes.

Os processos internos são:

- *Layout* e estruturas do armazém.
- Recebimento.
- Armazenagem.
- Definição de onde alocar os produtos.
- Abastecimento.
- Modelo de separação.
- Montagem de kits.
- Consolidação.
- Conferência e carregamento.
- Devolução.
- Garantia da qualidade.
- Definir a rede logística de entrega.

Discutiremos esses tópicos ao longo deste livro com os conceitos básicos, técnicas de análise e metodologias para aplicação na prática, que são um resumo das experiências que tive durante a carreira atuando como executivo ou como consultor. O objetivo deste livro é compartilhar boas práticas que apresentaram resultados expressivos dentro das operações e contribuir com você, leitor, que busca, assim como eu, melhoria contínua nos processos para atender cada vez melhor os clientes. Para isso, não existe fórmula única, todos os conceitos apresentados neste livro devem ser adaptados para se encaixarem dentro de cada organização que já tem uma cultura formada, sempre explorando o que há de melhor nas pessoas e nas tecnologias disponíveis. Essa é a arte da gestão da cadeia de suprimentos.

CENTRO DE DISTRIBUIÇÃO

Para que serve um armazém ou centro de distribuição (CD)? Vamos imaginar um supermercado de bairro perto da nossa casa. Ele oferece-nos uma quantidade de produtos (ou *Stock Keeping Units* — SKUs) que pode variar entre 6.000 e 15.000 SKUs diferentes. Para que o supermercado possa atender a essa oferta, ele precisa negociar com 300 a 600 fornecedores diferentes. Cada ponto de negociação gera um pedido de compras que será processado pelos fornecedores e irá gerar uma entrega futura.

De forma simplificada, essa relação acontece conforme as figuras a seguir:

CENÁRIO 1

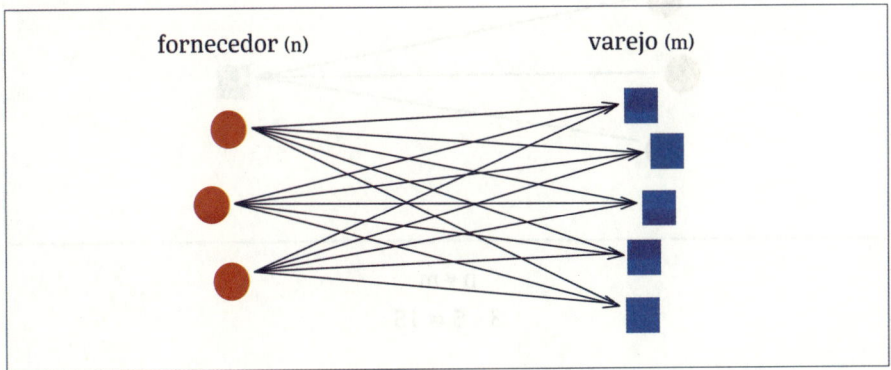

CENÁRIO 2

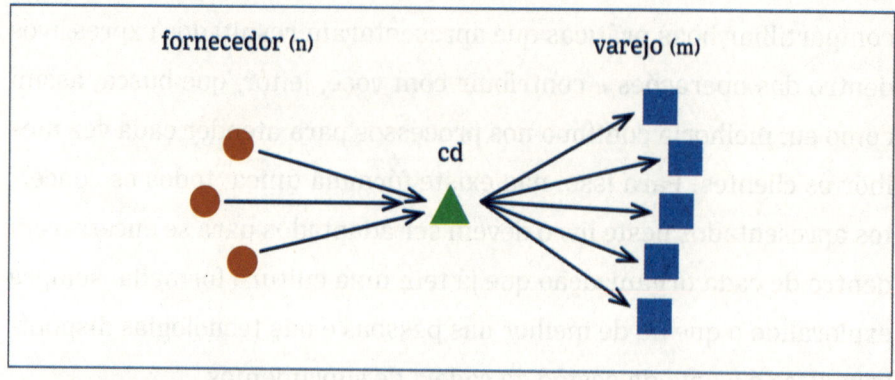

No cenário 1, cada fornecedor negocia e entrega de forma independente, levando a três pontos de gestão, considerando negociação, emissão de NF, entrega e conferência. Já no cenário 2, se inseríssemos um CD no meio do processo, os fornecedores fariam as negociações e entregas para o CD, posteriormente levando a apenas um ponto de gestão para o supermercado de bairro, reduzindo muito as operações no varejo.

Na prática, o efeito de múltiplos fornecedores e múltiplos varejos ficaria conforme as figuras a seguir.

CENÁRIO 1

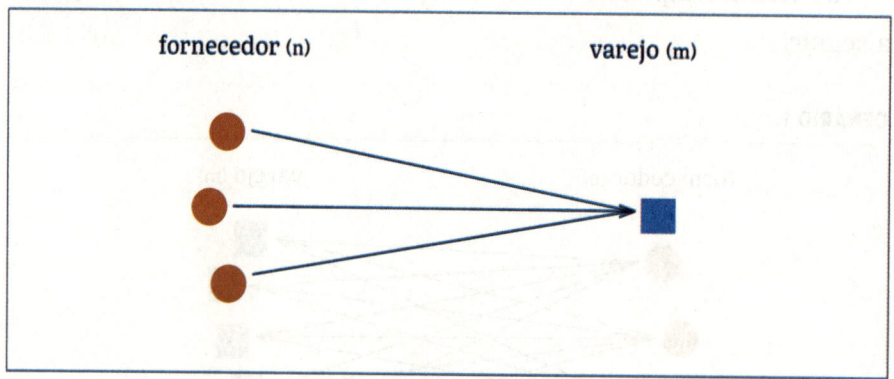

CENÁRIO 2

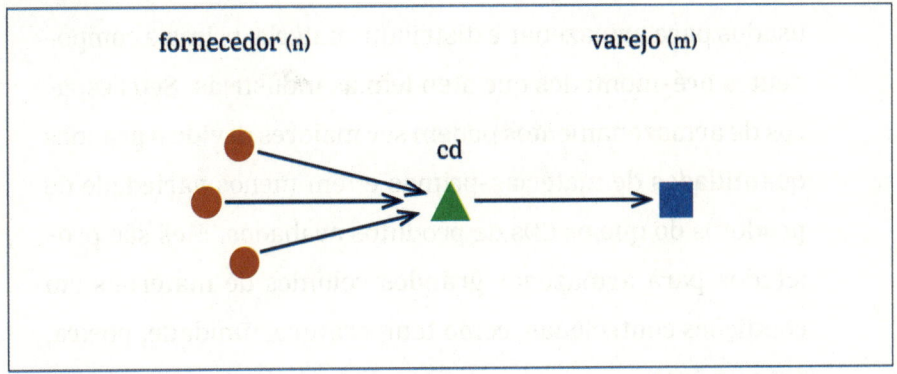

n + m
3 + 5 = 8

No cenário 1, com *n* fornecedores e *m* varejos, os pontos de gestão seriam 15, ao passo que no cenário 2, isso seria reduzido para 8. Com isso, o custo total da rede de suprimento reduz bastante, tanto para os fornecedores quanto para o varejo.

Além disso, os produtos podem apresentar variação na oferta de acordo com cada fornecedor, conforme uma sazonalidade, variação de preço ou até mesmo a falta de disponibilidade, como produtos agrícolas entressafras, variação no preço devido a fatores externos, como a variação do câmbio, fatores geopolíticos (guerras, acordos políticos, regulamentações etc.), fatores naturais (desastres, seca, inundações etc.), ou até mesmo a insolvência de um fornecedor que esteja concentrado na sua cadeia de abastecimento. Alguns desses fatores são previsíveis, outros nem tanto. Com isso, o CD consegue manter um nível de estoque de forma a garantir a disponibilidade para o suprimento dos produtos nas próximas etapas da cadeia de suprimentos.

Existem diversos tipos de CD com características específicas para atender à demanda de cada operação, porém estes são os principais:

- Centro de Distribuição de Matéria-Prima: esses centros são usados para armazenar e distribuir matéria-prima e componentes pré-montados que atendem às indústrias. Seus espaços de armazenamentos podem ser maiores devido a grandes quantidades de matérias-primas e têm menos variedade de produtos do que os CDs de produtos acabados. Eles são projetados para armazenar grandes volumes de materiais em condições controladas, como temperatura, umidade, poeira, entre outros.

- Centro de Distribuição de Produtos Acabados: esses centros são usados para armazenar e distribuir produtos acabados, prontos para serem vendidos aos clientes finais ou de revenda. Eles geralmente têm uma grande variedade de produtos e são projetados para atender múltiplos clientes simultaneamente. Têm uma área de armazenagem significativa e o seu *layout* prevê área para os processos de expedição, como separação, conferência e carregamento.

- Centro de Distribuição *Cross-Docking*: são projetados para transferir mercadorias de um caminhão para outro sem armazenagem de estoque. Geralmente são menores e têm docas para carregamento e descarregamento de caminhões, bem como áreas para agrupamento e conferência de mercadorias.

- Centro de Distribuição *E-Commerce*: são especialmente desenhados para a distribuição de produtos comprados on-line. Eles são equipados com sistemas automatizados para lidar com grandes volumes de pedidos e para preparar pacotes para envio. Têm áreas para embalagem, etiquetagem e expedição, bem como instalações para armazenamento de produtos. Geralmente os pedidos on-line tendem a ser nas menores embalagens, ou seja, na unidade fracionada, o que aumenta a complexidade na manipulação da mercadoria na cadeia de suprimentos daqui em diante.

Cada tipo de CD tem suas próprias vantagens e desvantagens e é importante avaliar cuidadosamente as necessidades do negócio antes de escolher qual tipo usar.

2 DEMANDA

CONHECER BEM A DEMANDA é um fator fundamental para quem atua na cadeia de abastecimento. Vamos entender os principais motivos.

Ter o produto certo e disponível no local certo garante uma excelente experiência do cliente no momento da compra, pois irá atender exatamente suas preferências e necessidades na hora exata de sua disponibilidade para realizá-la. Para que seja possível atender os clientes é necessário, então, conhecer a demanda e traçar uma boa estratégia na gestão de estoques para definir a quantidade ideal de estoque em cada ponto de abastecimento. A falta de produtos leva à perda de vendas e à insatisfação do cliente, mas, por outro lado, o excesso de estoque aumenta o custo de armazenamento e os prejuízos com estoques parados.

Um bom entendimento da demanda garante uma otimização da logística e da distribuição dos produtos, com entregas dentro do prazo acordado, reduz os custos de transportes, minimiza os impactos ambientais das operações de transporte e influencia na estratégia de precificação dos produtos.

Com isso, é necessário também ter essa informação para a elaboração do planejamento estratégico para entender as tendências de demandas e tomar decisões corretas de marketing, precificação, compras e relacionamento com os clientes.

Simplificando, a demanda é a pedra fundamental de uma boa gestão das vendas e entregas de produtos, pois ajuda as empresas a tomarem decisões inteligentes em áreas como controle de estoque, transporte, planejamento financeiro e criação de novos produtos, garantindo, assim, operações mais eficientes, lucrativas e clientes satisfeitos.

As principais técnicas utilizadas para previsão de demanda em gerenciamento de cadeia de suprimentos incluem:

Médias móveis

Essa técnica utiliza dados históricos para prever a demanda futura, calculando a média dos últimos períodos.

Um exemplo prático para prever a demanda de um produto específico seria o seguinte:

1. Definir o período de avaliação (semanal, mensal, anual).
2. Coletar dados históricos de vendas do produto.
3. Calcular a média móvel dos últimos "n" períodos (por exemplo, os últimos três ou seis meses).
4. Utilizar essa média móvel para prever a demanda futura, assumindo que ela será semelhante à média histórica recente.
5. Utilizar as previsões para ajudar na tomada de decisão, como ajustar a capacidade de estoque, a negociação com fornecedores e as promoções de vendas.

VANTAGENS

- A técnica de médias móveis é fácil de entender e implementar e não requer conhecimento avançado em estatística.
- É uma técnica robusta para lidar com flutuações sazonais e tendências em longo prazo na demanda.
- Pode ser usada como uma base para outras técnicas de previsão mais avançadas.

DESVANTAGENS

- Não considera eventos externos (preços de concorrentes, temperatura, variações de câmbio etc.) ou mudanças estruturais no mercado que podem afetar a demanda.
- Pode ser imprecisa em casos de demanda muito volátil ou com picos ou quedas abruptas.
- Depende de uma série temporal suficientemente longa e limpa para ser precisa.

É importante lembrar que a técnica de médias móveis é apenas uma das várias técnicas de previsão disponíveis e é fundamental avaliar se é apropriada para um determinado caso antes de utilizá-la.

Regressão linear

Essa técnica utiliza uma equação matemática para descrever a relação entre a demanda e uma ou mais variáveis independentes. Para aplicar em um caso prático, basta adotar os seguintes passos:

1. Coletar dados históricos de vendas do produto em questão, incluindo data, quantidade vendida e preço.

2. Coletar dados de outras variáveis que podem afetar a demanda, como o preço dos concorrentes, o índice de confiança do consumidor, o índice de desemprego, dados de clima (temperatura, quantidade de chuva etc.), ou outro que faça sentido para o seu negócio.

3. Utilizar software de análise de dados para criar uma equação de regressão linear que modela a relação entre a demanda (variável dependente) e as variáveis independentes.

    Por exemplo, a equação pode ser:

Demanda = a + b * Preço + c * Preço dos concorrentes + d * Índice de confiança do consumidor + e * Índice de desemprego

4. Utilizar a equação para prever a demanda futura, ajustando os valores das variáveis independentes para os valores previstos.

5. Utilizar alguma métrica de previsibilidade para avaliar a precisão das previsões, por exemplo:

   a. R-quadrado (coeficiente de determinação), que mede a proporção de variação dos dados explicada pelo modelo. Valores próximos a 1 indicam um bom ajuste do modelo aos dados.

   b. RMSE (raiz do erro quadrático médio), que mensura a raiz quadrada da média dos erros quadráticos entre os valores previstos pelo modelo e os valores reais. Valores baixos indicam um bom desempenho do modelo. Sua fórmula é dada pela seguinte equação:

   $$RMSE = \sqrt{\sum_{i=1}^{n} \frac{(x_i - x)^2}{n}}$$

   Uma vantagem desta medida é que ela retorna um erro com a mesma unidade de medida dos seus dados originais, medindo erros tanto positivos quanto negativos, justamente pelo fato de elevar o erro ao quadrado e extrair sua raiz quadrada.

6. Utilizar as previsões para ajudar na tomada de decisão, como ajustar produção, estoque e preços, e para atender à demanda prevista.

VANTAGENS

- Modelos de regressão linear são geralmente simples de entender e interpretar, o que facilita a tomada de decisão.
- A regressão linear é uma técnica amplamente utilizada e bem-estabelecida, com uma grande quantidade de recursos e ferramentas disponíveis.
- A regressão linear pode ser utilizada para modelar relações lineares simples ou complexas entre a demanda e as variáveis independentes.

DESVANTAGENS

- Modelos de regressão linear são baseados na premissa de que a relação entre a demanda e as variáveis independentes é linear, o que pode não ser o caso em todas as situações.
- A regressão linear pode ser sensível a *outliers*[1] e a dados faltantes, o que pode afetar a precisão das previsões.
- A regressão linear não leva em conta a estrutura temporal dos dados, o que pode ser um problema em alguns casos.

É importante lembrar que a regressão linear é uma técnica simples e pode não ser apropriada para todos os casos, especialmente quando há relações não lineares entre a variável dependente e a independente, ou quando há *outliers*.

---

[1] Um dado é classificado como *outlier* quando representa um "valor atípico" ou "ponto fora da curva". Esses termos são usados para descrever uma observação que é numericamente distante do resto dos dados, indicando algo incomum ou anormal em relação ao conjunto de dados ao qual pertence.

Séries temporais

Essa técnica utiliza modelos estatísticos para prever a demanda futura baseados em padrões identificados em dados históricos.

Um exemplo didático de como uma empresa de varejo poderia utilizar técnicas de séries temporais para prever a demanda de um produto específico seria o seguinte:

1. Coletar dados históricos de vendas do produto em questão, incluindo data, quantidade vendida e preço.

2. Plotar esses dados em um gráfico de linha para visualizar qualquer padrão ou tendência na demanda ao longo do tempo.

3. Utilizar um modelo estatístico de séries temporais, como o modelo de decomposição de séries temporais, para decompor a série histórica em componentes como tendência, sazonalidade e ruído.

4. Utilizar esses componentes para prever a demanda futura. Por exemplo, se a tendência histórica é crescente, podemos esperar que a demanda continue aumentando no futuro. Se houver uma sazonalidade, podemos esperar que ela aumente em períodos específicos do ano.

5. Utilizar técnicas de validação para avaliar a precisão das previsões, como a comparação com dados históricos ou a utilização de dados futuros reais.

6. Utilizar as previsões para ajudar na tomada de decisão, como ajustar produção, estoque e preços para atender à demanda prevista.

Esse é um exemplo simples, mas, na prática, as previsões de demanda podem ser mais complexas e envolvem vários fatores, como o impacto de campanhas de marketing e eventos sazonais.

Além disso, é comum haver a combinação de técnicas, como média móvel, regressão linear e séries temporais.

VANTAGENS

- Séries temporais permitem modelar tendências e sazonalidade na demanda, o que pode ser útil para prever a demanda futura de produtos.
- É possível incorporar informações históricas para melhorar a precisão das previsões.
- As técnicas de séries temporais são amplamente utilizadas e bem-estabelecidas, o que permite aos gerentes de cadeia de suprimentos maior confiança nas previsões geradas.
- É possível identificar padrões, tendências e sazonalidades com ajuda de ferramentas de visualização.

DESVANTAGENS

- As previsões baseadas em séries temporais podem ser afetadas por eventos imprevisíveis ou mudanças no mercado, o que pode resultar em previsões imprecisas.
- As séries temporais requerem uma quantidade significativa de dados históricos para serem eficazes, o que pode ser um problema para empresas com poucos dados disponíveis.
- As técnicas de séries temporais podem ser computacionalmente intensivas, o que pode ser um problema para empresas com recursos limitados.
- Pode haver problemas na análise de séries temporais quando há mudanças estruturais no mercado, como nova competição, novos produtos ou mudanças na tecnologia.

Redes neurais

Essa técnica utiliza algoritmos de aprendizado de máquina para modelar relações complexas entre a demanda e as variáveis independentes.

Uma rede neural artificial (RNA) é um modelo matemático inspirado na estrutura biológica do cérebro humano, composto por camadas de nós ou neurônios interconectados, chamados de *perceptrons*. Esses neurônios trabalham juntos para processar informações e tomar decisões. As RNAs são capazes de aprender e de se adaptar a novas situações, o que as torna úteis para várias tarefas, incluindo previsão de demanda.

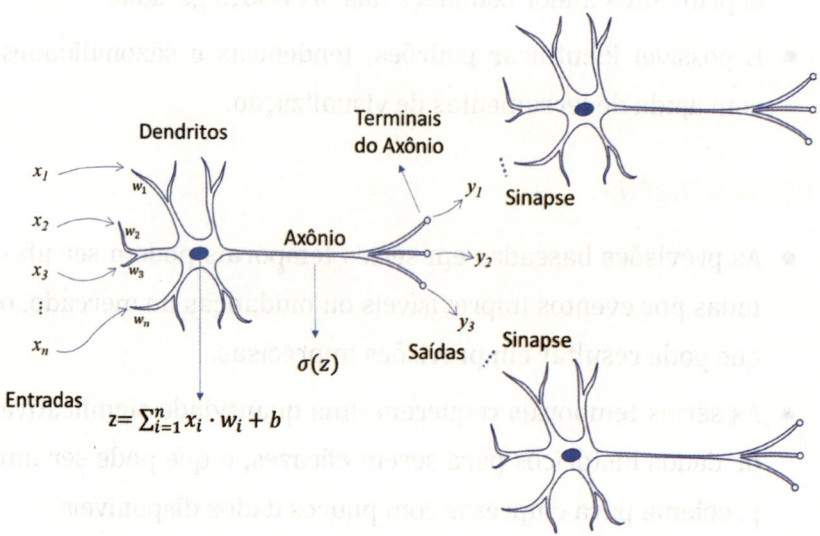

Analogia entre um *perceptron* e um neurônio biológico

Na gestão da cadeia de suprimentos, as RNAs podem ser utilizadas para prever a demanda futura de produtos com base em dados históricos de vendas e dados externos à organização. Isso pode ajudar a empresa a planejar a produção, o estoque e a logística de maneira mais eficiente e a reduzir os custos. As RNAs são capazes de lidar com grandes conjuntos de dados e considerar uma variedade de características, o que aumenta a precisão das previsões, além de não exigirem excesso de tratativa dos dados originais, como a remoção de dados destoantes, os *outliers*, por exemplo.

As principais diferenças entre as metodologias de rede neural artificial (RNA), séries temporais e regressão linear para previsão de demanda são:

- RNAs são capazes de lidar com grandes conjuntos de dados e de considerar uma variedade de características, enquanto as séries temporais e regressão linear são mais limitadas nesses aspectos.
- RNAs são capazes de aprender e de se adaptar a novas situações, enquanto as séries temporais e regressão linear são baseadas em tendências e padrões históricos.
- RNAs são capazes de lidar com dados desbalanceados e ruidosos, ao passo que as séries temporais e regressão linear podem ter problemas com esses tipos de dados.
- RNAs podem dificultar a interpreação e a compreensão de como se chegou ao resultado, enquanto as séries temporais e regressão linear são mais fáceis de serem interpretadas.
- As séries temporais e regressão linear são metodologias mais estabelecidas e amplamente utilizadas; já as RNAs ainda estão ganhando aceitação e especialistas em sua implementação.

Em resumo, as redes neurais artificiais são mais flexíveis e capazes de lidar com dados complexos, mas podem ser mais difíceis de interpretar. Porém são uma poderosa ferramenta e já estão presentes em nosso cotidiano de diversas formas, como recomendação de compras, aplicativos, buscadores inteligentes, eletrodomésticos, relógios, e-mail, sistemas de segurança e diversos outras interações. Já as séries temporais e a regressão linear são mais estabelecidas e fáceis de interpretar, mas podem ter limitações em lidar com dados complexos. Cada metodologia tem suas próprias vantagens e desvantagens e a escolha da mais apropriada dependerá do conjunto de dados e do problema específico a ser resolvido.

VANTAGENS

- As redes neurais são capazes de lidar com grandes conjuntos de dados (*Big Data*) e considerar uma variedade de características, o que aumenta a precisão das previsões. É possível utilizar não apenas os dados históricos, mas também dados dos concorrentes, ofertas de mercado, dados dos programas de fidelização, até dados relacionados ao clima, e muito mais.
- As redes neurais podem aprender e se adaptarem a novas situações, o que permite que sejam usadas para prever demandas futuras.
- As redes neurais são capazes de lidar com dados desbalanceados e ruidosos.

DESVANTAGENS

- O treinamento de redes neurais pode ser computacionalmente caro e exigir muitos dados.
- As redes neurais podem ser difíceis de interpretar e compreender, o que pode ser um problema para os gerentes de cadeia de suprimentos.

- A falta de conhecimento especializado na área pode dificultar a implementação e a manutenção da rede neural.

Além dos algoritmos mencionados anteriormente, outros algoritmos de *machine learning* (aprendizado de máquina) e inteligência artificial, comumente usados para previsão de demanda em gerenciamento de cadeia de suprimentos, incluem:

- Algoritmos de aprendizado de máquina baseados em *clustering* (categorização e agrupamento de dados de um conjunto que têm similaridades), como o *k-means* (método de agrupamento que divide dados em *k* grupos distintos baseado em características semelhantes) e o agrupamento hierárquico, utilizados para segmentar clientes e produtos com base em características similares.

- Algoritmos de aprendizado de máquina baseados em classificação, como o *Naive Bayes* e a árvore de decisão, utilizados para predizer a categoria de um item de demanda.

- Algoritmos de aprendizado de máquina baseados em regras, como o algoritmo *Apriori*, utilizados para descobrir relações entre itens de demanda.

- Integração de dados de sensores e IoT (Internet das Coisas) para melhorar a precisão das previsões.

- Utilização de técnicas avançadas de análise de dados, como o processamento de linguagem natural e a análise de sentimentos para previsão de demanda.

O mercado tem passado por mudanças significativas com a integração de canais de venda e o uso da tecnologia e da internet para gerar cada vez mais dados referentes a transações comerciais, o que justifica a adoção de técnicas de inteligência artificial na previsão de demanda.

A inteligência artificial tem um papel cada vez mais importante na previsão de demanda e no gerenciamento de cadeia de suprimentos. Com a capacidade de processar grandes quantidades de dados e aprender continuamente, os algoritmos de inteligência artificial podem fornecer previsões mais precisas e ajudar as empresas a tomar decisões mais informadas. Podendo ser aplicada também em:

- Otimização de rotas de transporte e logística: a inteligência artificial pode ajudar a otimizar rotas de transporte e logística, levando a reduções de custos e aumento da eficiência.

- Personalização e gerenciamento de relacionamento com o cliente: a inteligência artificial pode ser usada para personalizar a oferta de produtos e serviços para cada cliente, o que pode aumentar a sua satisfação e aumentar as receitas.

- Monitoramento e gerenciamento de desempenho: a inteligência artificial pode ser usada para monitorar e gerenciar o desempenho da cadeia de suprimentos, o que pode ajudar as empresas a identificar oportunidades de melhoria e tomar medidas para aumentar a eficiência.

- Integração de dados: a inteligência artificial pode ser usada para integrar dados de diferentes fontes, o que pode auxiliar as empresas a terem uma visão mais completa e precisa da cadeia de suprimentos e tomar decisões mais informadas.

3 POLÍTICA DE ESTOQUE

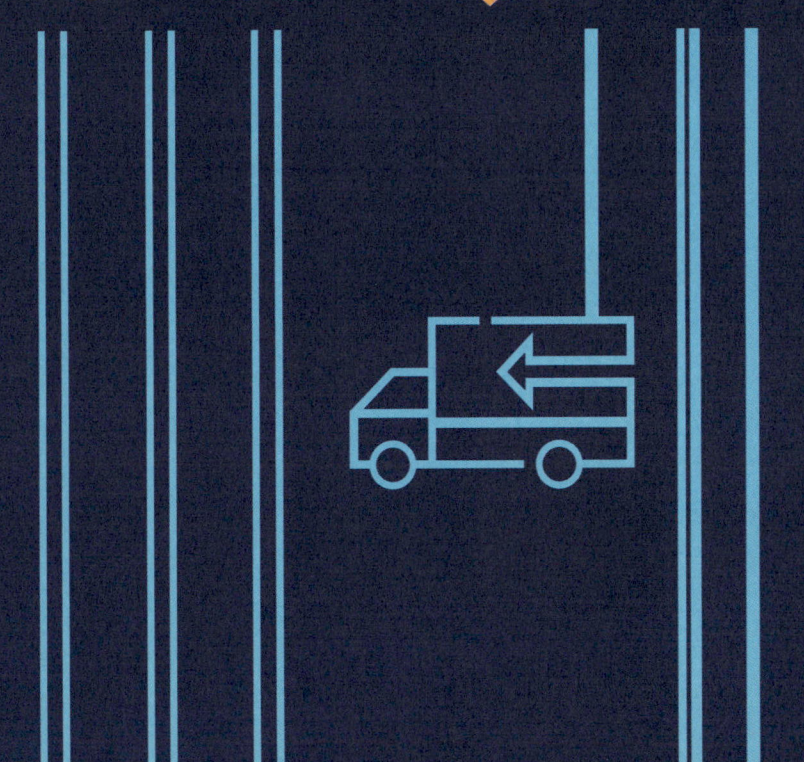

UM COMPRADOR, AO NEGOCIAR com seu fornecedor, define, de forma geral, os principais pontos a seguir:

- **Quantidade a comprar:** qual nível de estoque preciso manter para atender à demanda de vendas e evitar rupturas ou excesso de mercadorias e aproveitar as regras de descontos oferecidas?
- **Periodicidade das compras:** quantas vezes no ano, no mês ou na semana tenho que fazer os pedidos, considerando os prazos de entrega, capacidade e giro de estoque?
- **Condições de pagamento:** como o pagamento à vista ou a prazo influencia no meu preço de venda e no meu fluxo de caixa, sempre devendo haver um equilíbrio saudável para os dois lados?
- **Políticas de devoluções e trocas:** caso haja a necessidade em casos de vencimento do produto, aceitação do produto pelo mercado, avarias de transporte, defeitos de fabricação, entre outros.

A tudo isso chamamos de política de compras, que pode considerar diversas outras diretrizes, como critérios de seleção de fornecedores, conformidade com as leis e as regulamentações aplicadas, elaboração de contratos e outros, sempre com a visão no longo prazo para os dois lados da negociação.

Quanto à definição da política de compras, abordaremos neste livro apenas os fatores de quantidade e periodicidade. Para isso, existem diversos formatos, do mais simples, como comprar quando acaba o estoque, até modelos que consideram diversos fatores para tentar equilibrar a agilidade na tomada de decisão com a possível perda da venda por falta do produto no local e momento certo.

Vamos listar algumas dessas políticas:

- **Compra única:** existem produtos que serão negociados somente uma vez, pois perdem a validade ou a atratividade e não serão repostos. Um exemplo são jornais e revistas em uma banca, pois o jornal só tem validade no dia. O mercado de moda com compras da coleção da estação é outro exemplo desse tipo de compra única.

- **Periodicidade fixa:** quando a decisão de compra do fornecedor é realizada sempre em uma data fixa, por exemplo, toda segunda-feira ou todo início de mês. A sua vantagem é a praticidade de execução e sua previsibilidade para agendar. A desvantagem é que, se não fizer um pedido adequado para a demanda, pode-se ficar com excesso ou falta do produto até que o próximo ciclo de negociação chegue.

- **Repor a quantidade vendida:** nesta política, a compra é feita exatamente na quantidade que foi vendida no ciclo anterior. A vantagem é que sempre será mantido o nível de estoque. A primeira desvantagem é que há uma necessidade de calibração do estoque de reposição à medida que o produto "gira" mais ou menos para garantir que não se tenha excesso ou falta. A segunda desvantagem é que serão gerados pedidos de itens fracionados, ou seja, produtos unitários, fora de sua caixa fechada padrão, o que aumenta a complexidade da

- **Estoque mínimo:** a compra é realizada somente quando o estoque do item atinge uma quantidade mínima para o ressuprimento. A vantagem é que é garantido um estoque de segurança, mas há a desvantagem de aumento da complexidade quando existem vários produtos para se fazer a gestão de estoque.
- **Estoque mínimo em dias:** a diferença deste com o anterior é que é considerada uma quantidade de estoque mínimo que garanta "x dias" de abastecimento para que se faça um novo pedido. Por exemplo, quando o estoque atingir o nível de três dias de venda, eu faço um novo pedido.

A principal informação que precisamos ter para definir a política de compras é a demanda. Porém, na prática, existem outros fatores que influenciam o nível de estoque ideal que devemos manter, além de quando devemos solicitar o seu ressuprimento, ou seja, quanto comprar e quando devemos repor.

Os principais fatores que influenciam essa decisão são:

Fatores Externos

- Tempo que o fornecedor demora para entregar o pedido, o que chamamos de *Lead Time*.
- Variação na demanda com relação à sua média, ou seja, caso a demanda tenha um comportamento "estável" ao longo do tempo, em geral consideramos a sua média para tomada de decisões. Porém, caso ela tenha flutuações de demanda, devemos considerar um fator de segurança para minimizar a possível falta de estoque. Veremos algumas técnicas para isso nos próximos capítulos.
- Política de descontos.

Fatores Internos

- Quantidade de locais para armazenamento.
- Quantidade de produtos em negociação.
- Restrição de capacidade de armazenagem.
- Risco de validade.
- Custos internos.

A decisão será baseada nos custos totais envolvendo uma ou mais variáveis acima. Por um lado, existe um custo fixo da organização, que se reverte no custo de tirar um pedido; logo, quanto menos pedidos tirarmos, menor o custo. Por outro lado, existe também um custo de armazenagem, que quanto mais estoque eu mantiver ao longo do tempo, maior o custo no armazém.

Desse modo, para balancear esses custos adotaremos um modelo simples de gestão de estoque para chegarmos na política de compras, que define a quantidade que devemos pedir de cada item e com qual frequência de reposição. Para isso, primeiramente vamos supor que a nossa demanda seja conhecida, regular, e que o tempo de entrega do fornecedor seja imediato, ou seja, sem *lead time*, conforme o gráfico abaixo:

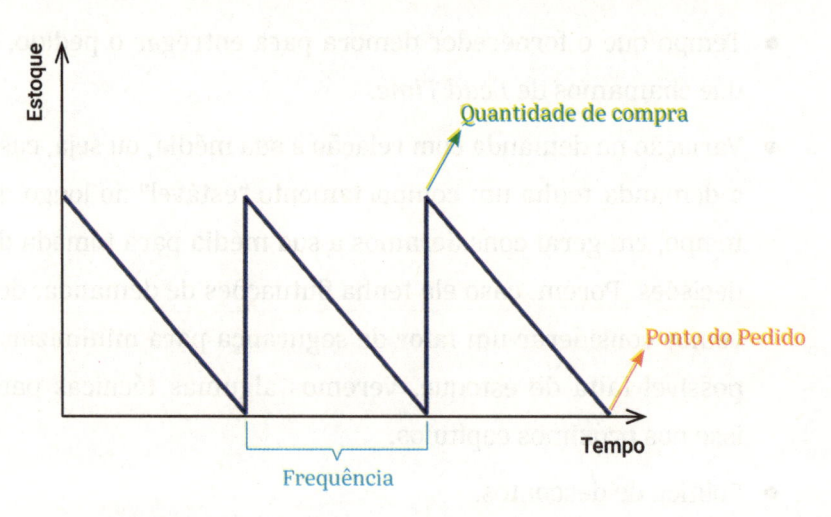

Antes de chegarmos na quantidade do pedido devemos olhar para dois custos inerentes à operação de compra e ao armazenamento da mercadoria, que chamamos de Custo Relevante Total (CRT), que é a soma do custo de <u>realizar o pedido</u> com o custo de <u>armazenar o estoque</u>.

CUSTO DE REALIZAR O PEDIDO

O custo de realizar o pedido é o custo de tirar um pedido multiplicado pela quantidade de pedidos realizados em um período, que pode ser descrito pela equação (1):

$$C_{pedidos} = c_t \left(\frac{D}{Q}\right)$$

Em que D é a demanda de quantidade no período e Q é a quantidade negociada por pedido. O ct é o custo de realizar um pedido, que podemos estimar considerando todas as despesas envolvidas na negociação (funcionários, despesas administrativas, rateios etc.), dividido pela quantidade de pedidos realizados em um período. Cada empresa terá o seu custo para tirar um pedido, pois irá variar muito, podendo ter influência os seguintes fatores:

- O ramo de atividade do seu negócio.
- A quantidade de fornecedores.
- O MIX de produtos trabalhados.
- A estrutura administrativa.
- O nível de estoque em dias desejado.
- Outros fatores.

CUSTO DE ARMAZENAR O ESTOQUE

O custo de armazenamento é o custo que se tem ao deixar o estoque parado no seu depósito em um determinado período, multiplicado pela quantidade média de estoque no mesmo período. Podemos expressar esse custo pela equação (2):

$$C_{armazenamento} = c * h \left(\frac{Q}{2}\right)$$

Em que o *c* é o custo unitário do produto, *h* o custo para armazenar o produto em um determinado período e Q/2 a quantidade do estoque médio no mesmo período.

Para conseguirmos chegar no valor *h*, devemos levar em consideração os fatores que compõem os custos de armazenagem, como os custos fixos:

- Aluguel.
- Água.
- Folha de pagamento.
- Manutenções preventivas de equipamentos e predial.
- Seguros.
- Aquisições de estruturas.
- Outros custos fixos.

E os custos variáveis:

- Contratações sazonais.
- Premiações e campanhas.
- Energia.
- Manutenções corretivas de equipamentos e predial.
- Outros custos variáveis.

Com essas informações podemos estimar um valor para o armazenamento de cada posição-palete dentro do armazém ao longo de um período (um dia, um mês ou um ano). O custo de armazenamento deve ser levado em consideração na aquisição do produto, pois a falta gera perda na receita e o excesso traz despesas desnecessárias.

CUSTO RELEVANTE TOTAL

Para chegarmos no Custo Relevante Total basta somarmos as duas equações anteriormente descritas.

$$CRT = C_{pedidos} + C_{armazenamento}$$

$$CRT = c_t \left(\frac{D}{Q}\right) + c * h \left(\frac{Q}{2}\right)$$

Podemos observar essa relação no gráfico a seguir.

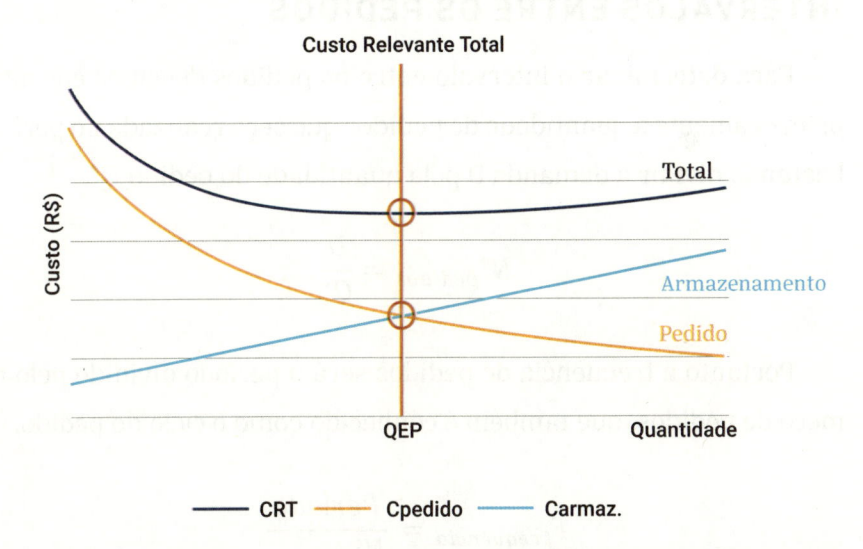

Vemos que no ponto em que as linhas do custo do armazenamento com o custo do pedido encontram-se, é exatamente o ponto em que o custo total atinge o seu mínimo, indicando, portanto, a quantidade ideal para se ter no estoque ou a Quantidade Econômica do Pedido (QEP).

Vamos, então, calcular o QEP de forma direta, bastando para isso, igualar os dois custos.

$$c_t\left(\frac{D}{Q}\right) = ch\left(\frac{Q}{2}\right)$$

Isolando o Q, temos

$$Q^2 = \frac{2c_t D}{ch}$$

Portanto,

$$Q^* = \sqrt{\frac{2c_t D}{ch}}$$

Em que Q^* é a quantidade econômica do pedido (QEP).

INTERVALOS ENTRE OS PEDIDOS

Para determinar o intervalo entre os pedidos devemos encontrar primeiramente a quantidade de pedidos que será realizada no período, bastando dividir a demanda D pela quantidade do pedido Q^*.

$$N°_{pedidos} = \frac{D}{Q^*}$$

Portanto a frequência de pedidos será o período dividido pelo número de pedidos, que também é conhecido como o ciclo do pedido.

$$F_{frequência} = \frac{Período}{N°_{pedidos}}$$

EXEMPLO

Vamos a um exemplo: supomos que temos um item com o seguinte cenário em um período anual.

c_i:	R$ 5,00	custo por pedido
D:	1.000	demanda anual
c:	R$ 45,00	custo por unidade
h:	15%	% do custo de armazenamento anual

Substituindo na fórmula do Q^* temos:

$$Q^* = \sqrt{\frac{2*5*1.000}{45*0,15}}$$

$$Q^* = 38,5 \text{ ou } 39 \text{ unidades}$$

Vamos encontrar a quantidade de pedidos que serão realizados no período de um ano.

$$N°_{pedidos} = \frac{1.000}{39} = 25,64$$

Com isso, a frequência fica assim:

$$F_{frequência} = \frac{52 \text{ semanas no ano}}{25,64} \cong 2 \text{ semanas}$$

Portanto nossa política de compra para esse item será **pedir 39 unidades a cada duas semanas.**

O Custo Relevante Total para esse exemplo será de:

$$CRT^* = c_t \left(\frac{D}{Q}\right) + c * h \left(\frac{Q}{2}\right)$$

$$CRT^* = 5 \left(\frac{1.000}{39}\right) + 45 * 0,15 \left(\frac{39}{2}\right)$$

$$CRT^* = R\$ \ 259,81$$

Assim, caso a política ideal seja adotada haverá o custo total de R$ 259,81 para tirar os pedidos e armazenar o estoque por um ciclo de um ano.

Porém o que aconteceria com o CRT caso a política ideal não fosse adotada? Como se comportaria o custo caso tivéssemos menos ou mais estoque? Na tabela a seguir podemos enxergar o custo em diferentes cenários, com diferentes valores de Q com relação a Q*, bem como o respectivo CRT.

	CENÁRIOS						
	1	2	3	4	5	6	7
Q*				38,5			
CRT*				R$259,81			
Q	9,6	19,2	28,9	38,5	48,1	57,7	77,0
%CRT	25%	50%	75%	100%	125%	150%	200%
CRT	R$552,09	R$324,76	R$270,63	R$259,81	R$266,30	R$281,46	R$324.76
CRT/CRT*	212,50%	125,00%	104,17%	100,00%	102,50%	108,33%	125,00%

Podemos perceber que ao adotarmos uma política de compras com quantidades de Q menores do que Q*, o custo relevante total cresce mais do que se adotarmos uma política de compras com quantidade de Q acima do Q*. No exemplo acima, se comprarmos 50% a menos, elevaremos o custo em 25% (cenário 2), porém, se comprarmos 50% a mais, o custo irá aumentar em apenas 8,33% (cenário 6)! Podemos entender graficamente ao vermos que a curva do CRT tem uma inclinação mais elevada à esquerda de Q* e menor à direita de Q*.

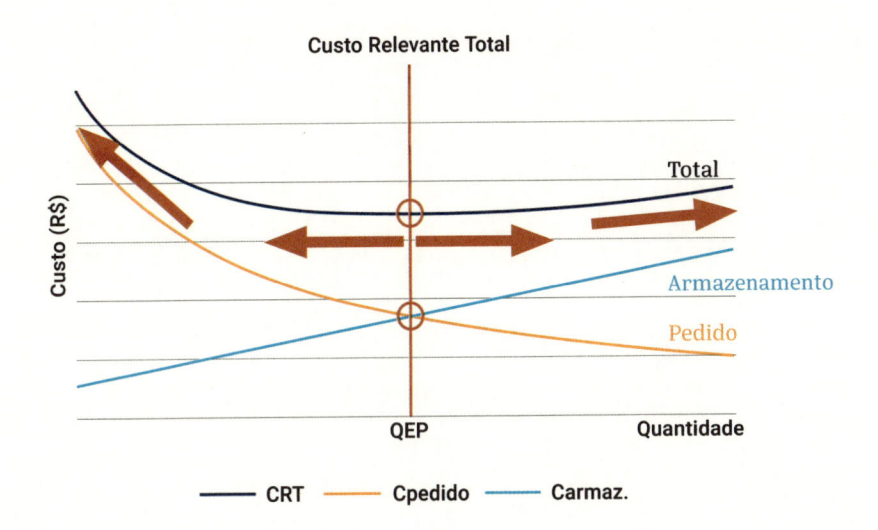

Custo Relevante Total

(Gráfico: eixo Y "Custo (R$)", eixo X "Quantidade", com QEP marcado no eixo X. Curvas: CRT (Total), Cpedido, Carmaz. (Armazenamento))

Portanto a política de Q* é precisa para demandas previsíveis e estáveis, e caso haja uma variação ou incerteza na demanda, ela ainda segue robusta para quantidades acima da própria política.

Este capítulo apresenta a forma mais simples para definição de uma política de compras sem considerar outros fatores, como:

- *Lead time*.
- Custo de ruptura de estoque.
- Validade e tempo de vida do item.
- Política de descontos por quantidade negociada.
- Negociação de lotes de produtos com diferentes demandas de forma simultânea.
- Além de uma demanda que não seja linear.

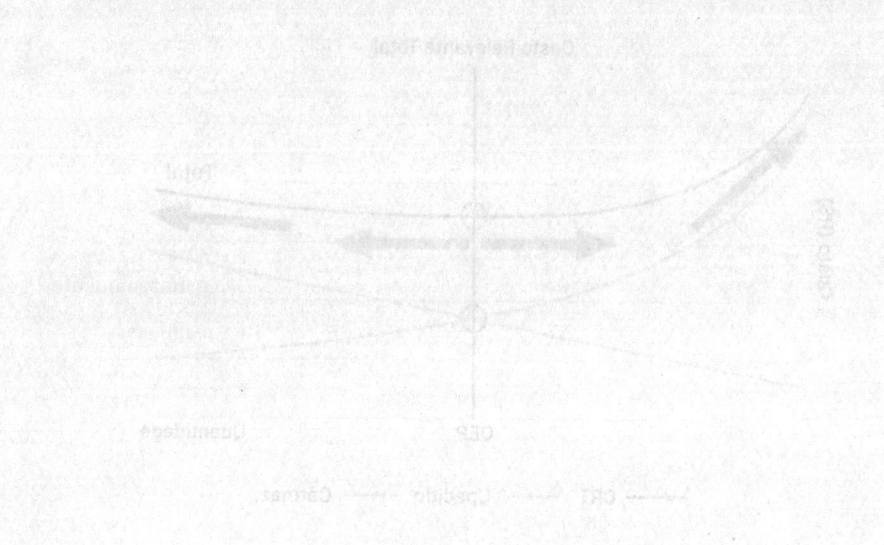

4 PROCESSOS INTERNOS DO ARMAZÉM

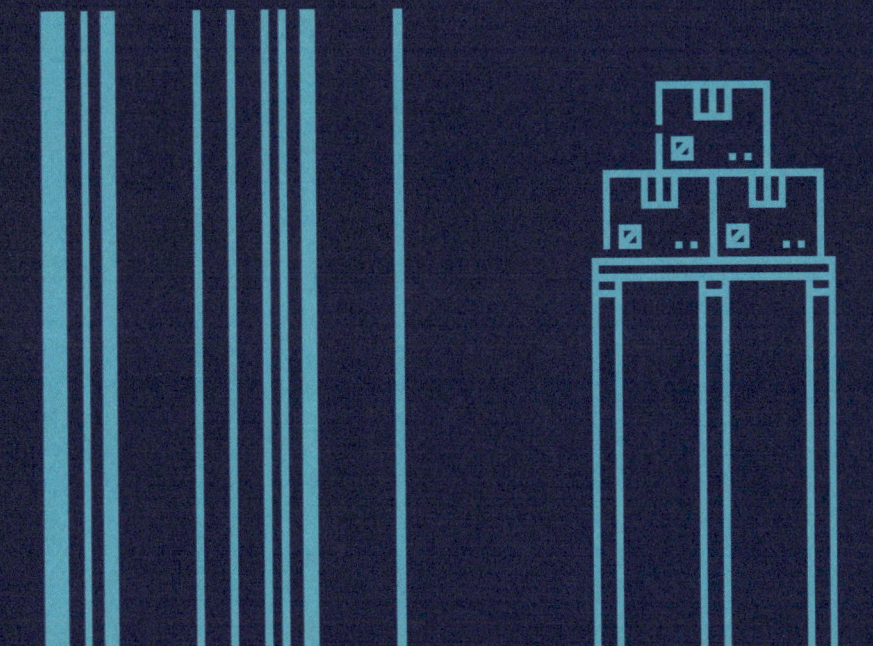

O GRANDE FOCO DESTE LIVRO é detalhar as melhores práticas em processos dentro de um armazém ou centro de distribuição (CD). De forma resumida, vejamos a importância de cada um deles.

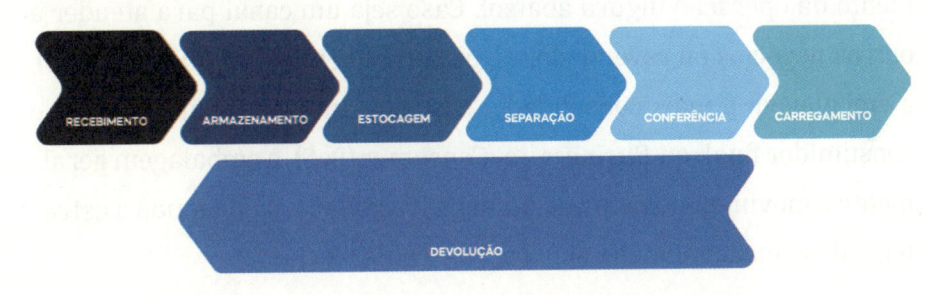

RECEBIMENTO → ARMAZENAMENTO → ESTOCAGEM → SEPARAÇÃO → CONFERÊNCIA → CARREGAMENTO

DEVOLUÇÃO

LAYOUT

A definição do *layout* do CD é uma decisão estratégica, porque ela garante uma operação com os custos e níveis de serviços adequados. É durante a fase de projeto de construção que ela deve ser idealizada ou, caso o armazém já exista, preferencialmente antes do início da operação. Pensando na redução dos tempos dos processos, na otimização dos espaços disponíveis, é durante a *layoutização* que se definem as posições de corredores, iluminação, identificação, fluxo da mercadoria, fluxo de pessoas e equipamentos, local de separação, conferência, embarque e desembarque, além das estruturas de armazenagem ideais, como porta-paletes, *flow rack*, blocados, *drive-in*, entre outros. Logo discutiremos as principais vantagens de cada um deles.

Não existe um *layout* ideal para todas as operações. Devemos entender o tipo de produto que será armazenado e movimentado (paletes, caixas, fardos, unidades etc.) e simular antes qual estrutura adequa-se melhor. Por exemplo, caso a movimentação seja em caixas fechadas, uma estrutura de porta-paletes pode ser mais adequada do que um *flow rack*, que se mostra mais eficiente para produtos fracionados. A embalagem de movimentação está muito ligada ao canal de atendimento da operação (figura abaixo). Caso seja um canal para atender a outros negócios ou revendedores, ou seja, *Business-to-Business* (B2B), a embalagem é mais consolidada; caso seja um canal para atender o consumidor final, ou *Business-to-Consumer* (B2C), a embalagem geralmente é movimentada em sua unidade fracionada, o que muda a estratégia de armazenamento, separação e conferência.

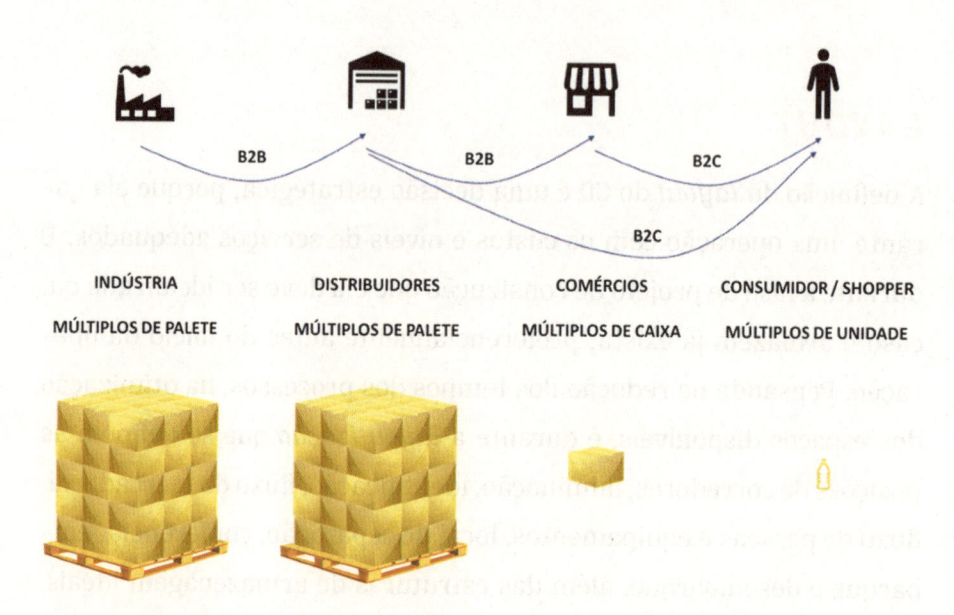

INDÚSTRIA	DISTRIBUIDORES	COMÉRCIOS	CONSUMIDOR / SHOPPER
MÚLTIPLOS DE PALETE	MÚLTIPLOS DE PALETE	MÚLTIPLOS DE CAIXA	MÚLTIPLOS DE UNIDADE

Podemos segmentar os produtos e o espaço físico conforme as características dos produtos dentro de uma operação, de forma a facilitar a sua movimentação. As segmentações mais comuns que vemos são:

- Por tipo de produto: faz sentido quando a operação movimenta produtos com diferentes características físicas, podendo gerar algum tipo de contaminação entre eles; por exemplo: alimentos e produtos de limpeza, em que pode haver troca de odores, produtos com controle de lote (medicamentos normais e psicotrópicos), produtos tóxicos (soda cáustica, agrotóxicos), produtos refrigerados, produtos com umidade controlada (alimentos curados), produtos de construção (pregos e arames) com produtos de sacaria ou frágeis (fraldas, sacaria).

- Por restrição de nível e temperatura: em armazéns verticais é comum haver estruturas de porta-paletes e, normalmente, os níveis superiores, por estarem mais próximos ao telhado, são mais quentes, por isso alguns produtos sensíveis à temperatura não poderão ser armazenados nos últimos níveis, como chocolates, aerossol, margarina etc. Por outro lado, as empilhadeiras que fazem a movimentação vertical também têm restrição de peso, que diminui à medida que a altura de armazenagem aumenta. Por isso também não podemos armazenar paletes pesados nos níveis superiores. Vale conferir qual é a capacidade em kg para as alturas de sua estrutura de armazenagem.

- Por curva ABC: em operações que tenham uma variedade de produtos mais baixo ou com características semelhantes é viável segmentar a localização dentro de uma curva ABC de giro por endereço. Ou seja, agrupar os itens que têm maior demanda em um local e em outro local segmentar os produtos com demanda baixa. O ganho aqui é de um percurso menor para as operações de abastecimento e separação por estarem em um local fisicamente menor. Por outro lado, se a concentração na curva A for muito alta, ela pode gerar um gargalo na operação, uma vez que irá concentrar muitos recursos em um único espaço (separadores e abastecedores). Logo, é necessário entender qual é o ponto de equilíbrio para concentrar a operação sem que haja gargalos e que se obtenha a produtividade esperada.

- Tipo de venda (grandeza x miudeza).
- Misto: esta estratégia é o que torna a operação de logística interna tão fascinante. Não existe certo e errado, não existe apenas uma forma de operar. O que existe é flexibilidade, ou seja, a operação aceita a criação de diferentes *clusters* (grupos de dados categorizados que têm similaridades), em que cada setor possa operar da melhor forma possível para atender às necessidades dos produtos que o compõe. Assim é possível, e desejável, que se tenha todos os tipos de segmentação anteriormente descritos dentro da mesma operação — por exemplo, cada rua de um CD com produtos com características semelhantes —, e que dentro de cada rua haja uma nova segmentação de curva ABC para garantir a máxima eficiência dentro dela. A esse estudo de segmentação ideal e sua manutenção damos o nome de Calibração de *Picking*. Discutiremos mais sobre essa atividade viva dentro do CD adiante. Essa é uma das principais atividades para garantir uma operação eficiente e com alto nível de serviço e produtividade.

ESTRUTURA

Podemos listar as principais estruturas de armazenamento em um Centro de Distribuição como sendo:

- Porta-paletes: estruturas compatíveis com o palete utilizado na operação. Exemplo: paletes padrão PBR (1,0 x 1,2 metros). A vantagem dessas estruturas é que são relativamente mais baratas que outras e possibilitam a verticalização da área de armazenagem, além de permitirem o acesso individual ao palete a qualquer instante.

- Blocado: consiste simplesmente no empilhamento de paletes uns sobre os outros, com a vantagem de não ter custo com aquisição de estrutura. É um formato adequado para produtos com alto giro, pois a forma de empilhamento é sugerida para produtos iguais e com a mesma validade. Esse formato obriga a operação a trabalhar com o primeiro que entra, último que sai, na maioria dos casos.

- *Drive-in*: parecido com conceito do blocado, aqui há uma estrutura que permite armazenar produtos com diferentes profundidades, com a vantagem de possibilitar o aumento da quantidade de empilhamento dos produtos e, consequentemente, a capacidade de armazenamento em uma mesma área. Porém exige a operação no formato primeiro que entra, último que sai.

- Sistema dinâmico: muito parecido com o *drive-in*, mas o produto é armazenado de um lado da estrutura e acessado novamente do lado oposto. A estrutura tem uma queda de nível e o palete sempre estará disponível no lado da coleta, por gravidade. Essa estrutura, apesar de ter um custo maior, garante a mesma capacidade de armazenamento do *Drive-in*, porém possibilitando que em cada nível da estrutura possa ser armazenado um SKU e validade específicos. Assim, a área de armazenagem pode ter produtos com maior variedade, flexibilizando mais a operação. Aqui o formato de armazenagem é o primeiro que entra, primeiro que sai.

- *Flow rack*: consiste em uma estrutura de *picking* com abastecimento por um lado e separação pelo outro lado por meio de uma esteira, permitindo que o pedido de separação movimente-se ao longo do caminho. Esse tipo de estrutura exige um investimento maior que as estruturas anteriores, ainda mais quando se opta por aumentar o nível de automação. Sua operação segue o formato de primeiro que entra, primeiro que sai.
- No *flow rack* é possível que a esteira seja manual e o separador empurre as caixas de pedidos em separação, ou que haja uma esteira motorizada com a leitura por estação e a própria estrutura leve a caixa somente nas estações em que houver produtos a serem separados para aquele pedido, aumentando, assim, a produtividade da separação consideravelmente. Nesse tipo de operação é a caixa que vai até o separador, e não o separador que vai até o produto.

Esse tipo de estrutura justifica-se para operações de itens fracionados e com giro de vendas expressivo, apesar do investimento alto inicial. Geralmente presente em operações B2C.

- *Mini-load* + transelevador: uma estrutura com alto nível de automação, em que os *mini-loads* são unidades de armazenamento menores do que um palete e em operações realizadas por um transelevador, sem interferência humana. É uma operação em que, por não haver a necessidade de circulação de pessoas, os corredores podem ser bem estreitos, suficientes somente para o transelevador e com uma altura muito mais alta do que vemos quando a operação é realizada por empilhadeiras. Essas operações geralmente ocorrem de luz apagada e são 100% automatizadas. São muito comuns em operações da indústria farmacêutica e cosméticos por terem um valor agregado alto para esse nível de investimento.

ENDEREÇAMENTO E IDENTIFICAÇÃO

O endereçamento de um depósito dever ser realizado de forma a ter um fácil entendimento para os colaboradores novos que se ingressam à operação. Assim evitamos erros operacionais e garantimos uma identificação rápida no momento que o endereço precisar ser acessado.

Uma prática comum é utilizar um sistema de endereçamento parecido com o que já temos nas cidades, dividindo o galpão em um nível de hierarquia, conforme os exemplos a seguir:

- Depósito: local em que se pode nomear os galpões que possam estar divididos ou em locais diferentes por tipo de produtos, como matéria-prima, produtos semiacabados e produtos acabados, para segmentar o setor de trocas e avarias. Ou, ainda, para separar os produtos que estão com divergência de contagem nos inventários e bloqueados para recontagem (estoques virtuais).
- Ruas: locais em que é possível nomear os corredores do depósito e segmentar por tipo de produto para facilitar o controle de estoque nas etapas de contagem, armazenamento, abastecimento de *picking* e separação. A segmentação pode ser realizada também conforme a curva ABC de movimentação interna, mas isso pode depender de alguns fatores, como

a quantidade de SKUs que o galpão opera, possibilidade de contaminação cruzada (produtos de limpeza com alimentos, produtos psicotrópicos, produtos com risco de explosão etc.).

- Prédios: locais que seguem a estrutura dos porta-paletes, sendo o espaço delimitado entre as colunas da estrutura porta-palete.

- Nível: seria como os andares de um prédio, começando pelo nível 0 ou 1 ao nível do piso, e os demais andares acima, seguindo a numeração 2, 3 etc.

- Apartamento: seria o endereço final de armazenagem do produto, sendo possível fazer a gestão pelo sistema por identificação do produto, quantidade, data de validade e lote. O apartamento pode ser utilizado para estocar um SKU ou mais de um SKU, dependendo da necessidade da operação.

A identificação dos endereços também dever ser pensada conforme os processos da operação, como armazenamento, abastecimento, separação e inventários.

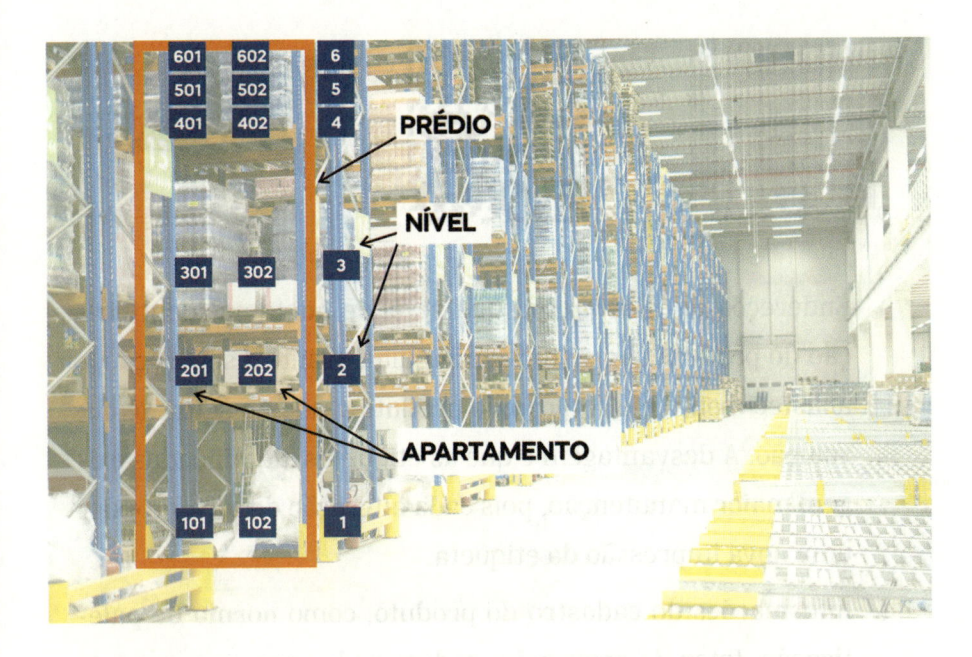

Uma boa prática é utilizar em uma rua a divisão dos apartamentos ímpares do lado direito e do lado esquerdo os pares, ou vice-versa. Essa divisão facilita as operações de contagem de inventário, pois é possível dividir os lotes de contagem em níveis e lados de rua, o que otimiza muito a contagem do aéreo e a utilização de máquinas, como plataformas e empilhadeiras, evitando que esses equipamentos façam movimentações desnecessárias e gastem menos tempo nesse processo.

A identificação dos endereços no depósito é importante para que as operações de armazenamento, abastecimento, separação e contagens ocorram de forma simplificada. As **etiquetas de identificação** podem ter algumas informações relevantes que podemos resumir em:

- Numeração completa do endereço (depósito, rua, prédio, nível e apartamento) para identificação visual.
- Algum código de leitura pelo coletor de dados, como o código de barras unidimensional, *QR code* (*quick response code*) bidimensional ou uma *tag* de RFID (*radio-frequency identification*).

- Endereços de *picking* em que se pode adotar a identificação do produto que se torna um guia durante a separação, o abastecimento e o retorno do produto vindo do setor de devolução. A desvantagem é que as etiquetas identificadas exigem maior manutenção, pois cada alteração de *picking* exige uma nova impressão da etiqueta.

- Informações do cadastro do produto, como norma de paletização, fator de conversão, código de barras, se o produto está ativo ou fora de linha. Todas essas informações podem auxiliar a identificação correta do produto e a conversão de quantidades, além de facilitar a liberação do endereço para outro produto quando for inativado.

- Informações do *picking*, como a capacidade de armazenamento e ponto de reposição para auxiliar o processo de abastecimento e conferência dos parâmetros de forma visual, além de facilitar a identificação do produto que possa estar com o endereço inconsistente no sistema, exigindo contagem e ajuste para o correto funcionamento do processo de abastecimento.

- Data de impressão da etiqueta, que pode auxiliar em conferência de etiquetas muito antigas, garantindo, assim, que a informação estará sempre atualizada.

FLEXIBILIDADE E ESCALABILIDADE

O seu *layout* deverá contemplar as tendências de aumento de demanda e alteração de cenários. Sempre devemos montar um *layout* pensando nos próximos passos de expansão e adaptação. Por exemplo, tenha como um plano a utilização de armazenamentos temporários sem estruturas fixas ou de fácil alteração para atender a possíveis variações na operação, ou, ainda, projete iniciar a operação com áreas multifuncionais que podem ser utilizadas de forma temporária em turnos diferentes, como armazenamento blocado, separação e embalagem, formação de kits ou auditorias por amostragem. Assim, é possível reconfigurar rapidamente o espaço conforme a necessidade de uso.

SEGURANÇA

A segurança e a ergonomia são aspectos inegociáveis para que a operação seja robusta e eficiente e proteja os colaboradores de acidentes e problemas de saúde, mas também contribua para a produtividade e para a satisfação no ambiente de trabalho.

Para isso devemos observar as sinalizações adequadas nos locais de armazenagem, endereçamentos, pontos administrativos, saídas de emergência e equipamentos de segurança, além de projetar vias de locomoção de equipamentos e pessoas, principalmente em locais com risco de colisão. A iluminação e a ventilação são outros fatores importantes ao se projetar um *layout* que possa captar o máximo de iluminação e ventilação natural possível.

Os principais pontos de manutenção deverão ser de fácil acesso, sobretudo as instalações elétricas, lógicas e hidráulicas.

Em um estudo de *layout* para um cliente fui convidado a avaliar o projeto realizado pela empresa que fornece as estruturas de armazenamento (porta-paletes e *flow rack*). Quando olhei para o projeto percebi que tinha sido feito por alguém que não conhece a operação, pois estava faltando a sala de máquinas, onde se faz o carregamento das baterias e as manutenções básicas, o que era obrigatório para uma operação daquele tamanho. Além disso, foi sugerido inicialmente que a sala administrativa, onde ocorreria os faturamentos, o setor de cadastro e a sala do gerente, ocupassem um espaço que poderia ser convertido em uma doca adicional, o que faz toda a diferença em uma operação de CD.

Transformamos as salas administrativas em um mezanino acima das docas e aumentamos a capacidade do depósito de recebimento e expedição. O *layout* impacta diretamente a eficiência da operação e deve ser baseado nas necessidades de cada operação.

ACONTECEU COMIGO

RECEBIMENTO

O recebimento de mercadorias desempenha um papel vital na eficiência e no sucesso das operações de um centro de distribuição. Sua atividade inicia-se a partir do momento em que o pedido de compras é inserido no sistema de gestão, pois gera demanda para a primeira atividade, o agendamento de recebimento. Para se ter um bom agendamento com o fornecedor ou transportador é necessário o controle das seguintes informações:

- Ocupação do estoque por endereço, departamento, tipo de estrutura ou outro.
- Conhecer bem a capacidade de recebimento conforme a estrutura e os recursos disponíveis.
- Tipo de carga a ser recebida (produtos paletizados, produtos fracionados, produtos volumosos, produtos estivados/batidos etc.).
- Tipo de veículo a ser utilizado pela transportadora (graneleira, *sider*, carga refrigerada etc.).

Uma boa prática no processo de agendamento é sempre reforçar o fornecedor sobre a política de recebimento, como horários para apresentação de notas fiscais, cadastro do motorista, política de cobrança de descarga, pendências de recolhimento de estoques impróprios para revenda, tipos de palete aceitáveis, norma-padrão de paletizações, políticas de devoluções parcial e total, política de liberação do canhoto assinado e outros itens relevantes para cada operação.

Durante o processo de recebimento de mercadorias é preciso garantir três tipos de conferência:

- A conformidade da nota fiscal (NF) por meio do arquivo XML gerado com a negociação comercial (o pedido no sistema) e com a checagem se produto, quantidade, valor, tributação e condições de pagamento estão corretos e sem divergências.

- A qualidade do cadastro, como os códigos de barras (EAN e DUN), fator de conversão da caixa fechada, norma de paletização, peso, cubagem e endereçamento do *picking*, garantirá uma boa gestão dos produtos ao longo do fluxo da mercadoria.

- A conformidade do estoque físico com a NF, não deixando de validar a qualidade do produto, taras, validade, avarias, faltas, sobras, lote, temperatura, condições do palete, aplicação de filme *stretch* ou fitilhos e norma de paletização.

Vimos, então, que a conferência vai muito além de checar apenas se a quantidade física dos produtos é a mesma da NF. É necessário também que se façam todas essas validações, garantindo que o processo seja realizado "às cegas". Uma conferência "cega" nada mais é do que validar todas as informações e a integridade do produto sem que o conferente tenha acesso às informações da NF ou ao pedido de compras, garantido a imparcialidade na conferência e na integridade do processo.

Deve-se garantir os registros de conferência para se ter a rastreabilidade do processo em necessidade de auditorias futuras e um bom controle de inventário, como a data de recebimento, quem recebeu, registros de divergências, caso houver, registros de tara de produtos com peso variável, além das informações coletadas durante o processo de recebimento.

É no recebimento também que se inicia o processo de armazenagem.

Os principais indicadores no setor de recebimento de mercadorias são:

- Acurácia de recebimento: mede a % de itens conferidos corretamente da primeira vez.
- Tempo de recebimento ou tempo do giro de doca: mede o tempo do momento em que o veículo encosta na doca até o momento em que é liberado. Quanto menor o tempo, mais eficiente é a operação.
- Tempo de espera de caminhões que apresentaram a NF: mede o tempo do momento em que o motorista apresenta a NF até o momento em que encosta na doca. Tempos curtos ajudam a reduzir o custo do transporte.
- Produtividade Homem-Hora (peso, itens, volume, paletes ou SKUs).
- Taxa de devolução de mercadorias: entender os motivos de devolução auxiliam na busca pela melhoria contínua da operação e da relação com os fornecedores.
- Orçamento e despesas do setor (uso de materiais como filme *stretch*, fitilhos, fitas, etiquetas, manutenção e aquisição de paletes, equipamentos etc.).
- *Turn over* (rotatividade de pessoal) - (% e custo em R$).

O ciclo de acompanhamento dos indicadores deverá ser diário ou até mesmo várias vezes ao longo do dia. Porém, para buscar melhoria contínua, é necessário analisar semanalmente os indicadores e montar um plano de ação dos itens que estão desconformes com as metas.

ARMAZENAGEM

Após a conferência de recebimento seguimos para os processos de armazenamento, composto pelas movimentações horizontal e vertical do produto, a definição de onde alocá-lo na área de estocagem, obedecendo as segmentações de produtos predefinidas e já pensando no próximo processo, o abastecimento. A segmentação discutida na *layoutização* do CD permite a proximidade do produto estocado com a área de separação.

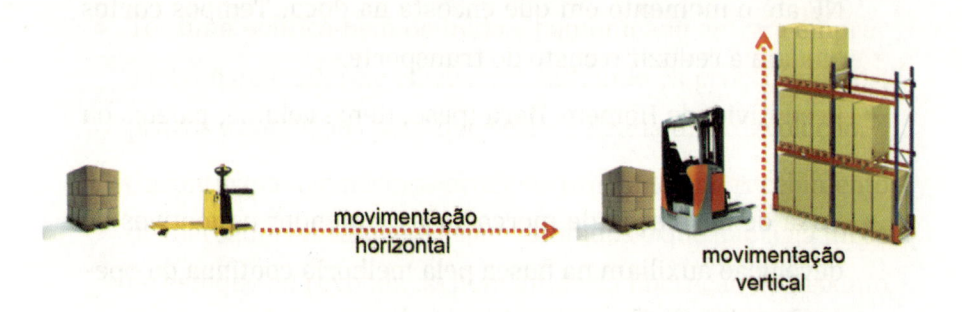

movimentação horizontal

movimentação vertical

Durante o processo de armazenagem é uma boa prática exigir que o operador de transpaleteira e/ou empilhadeira faça a coleta do código de barras do produto e do endereço de destino, além de uma checagem visual do estado do palete para ver se não há rachaduras, e até a aplicação correta do filme *stretch*. Dessa forma temos uma garantia a mais na qualidade do armazenamento e na diminuição de riscos de quebra de estoque.

A escolha do local de armazenamento deverá ser realizada, sempre que possível, de forma automatizada pelo sistema de gestão, assim a determinação da melhor localização para armazenar cada item será realizada de acordo com sua frequência de uso, tamanho, restrições de nível, restrições de características de produtos, proximidade ao *picking*, facilidade para atender ao método de gerenciamento de estoque nas próximas etapas de abastecimento e separação, como o PVPS (primeiro que vence, primeiro que sai), o PEPS (primeiro que entra, primeiro que sai), ou outros métodos, a demanda do produto, a facilidade de acesso e a otimização do espaço e outros fatores.

Somente após a movimentação do estoque para o endereço indicado é que ele deve ser alocado no sistema a fim de torná-lo disponível para as próximas movimentações.

Os principais indicadores do setor de armazenagem são:

- Taxa de Ocupação do Espaço de Armazenagem.
- Tempo Médio de Armazenagem, a partir do momento em que o produto é endereçado até o momento em que ele é movimentado ao endereço indicado.
- Acurácia de Armazenamento: mede a porcentagem de itens que são armazenados corretamente, incluindo o produto certo, no local certo, em bom estado, palete em boas condições de armazenamento etc.
- Custo de Armazenagem por Unidade: incluindo custos de mão de obra, equipamentos, espaço e outros custos operacionais. Um custo de armazenamento por unidade mais baixo indica maior eficiência.

ABASTECIMENTO

O abastecimento é o processo em que o produto da área de estocagem é movimentado para a área de separação, ocorrendo a preparação para atender aos pedidos dos clientes. Em resumo, é preciso definirmos uma política de abastecimento de forma que ela ocorra antes do processo de separação, assim garantimos que ela tenha fluidez e não haja tempo de espera do separador por falta do produto na área de separação.

Para isso, existe aqui uma estratégia de alocação do produto dentro do *layout* de separação, inserindo em cada endereço de separação e em qual nível de estoque devemos gerar o abastecimento de cada endereço.

Todo centro de distribuição tem a sua capacidade de separação limitada por dois fatores:

- O espaço para ser destinado como área de separação.
- A quantidade de empilhadeiras disponíveis.

Portanto devemos pensar em uma política de abastecimento que leve em consideração as duas restrições descritas para que a mão de obra seja utilizada da forma mais eficiente possível. Existem alguns tipos de abastecimentos mais comuns e com diferentes finalidades. Vejamos.

- Abastecimento preventivo: é, sem dúvida, o mais importante dos abastecimentos e ele dá-se de forma antecipada à separação e tem a finalidade de garantir um estoque mínimo nos endereços de *picking* para que, quando se inicie a separação, não haja falta de produtos durante o turno.
- Abastecimento corretivo: é uma operação em que é necessário abastecer o *picking* durante a etapa de separação e que, assim, diminui a capacidade de expedição dentro de um CD, por isso deve ser combatida diariamente.
- Abastecimento antecipado: após a realização do abastecimento preventivo e antes de se iniciar a separação, é possível **olhar para os pedidos** no sistema que serão separados e comparar com o estoque do *picking* para avaliar se é vantajoso fazer um abastecimento antecipado. Pode haver uma situação em que a venda de um determinado produto seja maior do que o normal devido a uma oferta de vendas, por exemplo, e que a quantidade no *picking* naquela ocasião

não vai suportar essa venda adicional; por isso, certamente, haverá uma falta durante a separação. Portanto, para esses casos, é viável um abastecimento antecipado.

- Abastecimento visual/forçado: após o abastecimento preventivo também é viável fazer um cheque visual nos *pickings* com menos estoque para validar duas oportunidades:
  - Estoque inconsistente: por algum motivo o estoque do *picking* pode estar errado e o abastecimento preventivo não foi gerado, havendo a necessidade de correção.
  - Liberação de pontas no aéreo por falta de vagas na estrutura do CD, necessária para o recebimento. Então é vantajoso forçar o abastecimento para o *picking*, mesmo sem a necessidade para a separação, liberando, assim, vagas na estrutura de armazenamento para que se possa seguir com mais recebimento.

Os principais indicadores do setor de abastecimento são:

- *Pickings* abastecidos por Homem-Hora.
- Quantidade ou % de Abastecimentos Corretivos.
- Quantidade ou % de Abastecimentos Visual.
- Quantidade ou % de Abastecimentos Preventivos.
- Acurácia dos estoques nos endereços de *picking*.

SEPARAÇÃO

O processo de separação é, em geral, o que tem o maior custo dentro de um centro de distribuição, representando 50% ou mais do custo total dos processos de um armazém, definindo, por conseguinte, uma boa eficiência operacional. Existem diversos modelos de separação que são influenciados por alguns fatores, como:

- *Layout* do CD.
- Tipo de produto a ser separado.
- Equipamentos disponíveis para separação.
- Política de abastecimento.
- Calibração de *Picking*.
- Política de entrega.
- Demanda previsível e sua variabilidade.

Via de regra, quanto mais consolidada a separação é, ou seja, quando se gera menos listas de separação por veículo, mais rápida é a operação no CD, porém mais lenta será a operação do entregador. De outro modo, quando a separação é realizada pedido a pedido ela torna-se mais complexa (mais listas de separação e agrupamentos), mas, isso simplifica a operação para o entregador. Entre esses dois exemplos, existem vários outros modelos de separação de mercadorias dentro de um centro de distribuição. Podemos citar alguns que são mais comuns:

- Modelo de separação por pedido ou lote de pedidos: neste modelo, as mercadorias são separadas e preparadas para expedição de acordo com a ordem de chegada dos pedidos, podendo ser processados pedido a pedido ou vários pedidos simultaneamente.

Após separados, os pedidos devem permanecer em algum local para futura agregação antes de entrarem no caminhão. Essa agregação pode ser feita de forma sequencial para que o motorista tenha maior facilidade ao encontrar os pedidos dentro do caminhão quando estiver efetuando a entrega. Esse modelo é relativamente fácil de implementar e geralmente é usado em centros de distribuição com baixa complexidade. Os pontos negativos são:

- Pode levar a uma grande variação no tempo de preparação de pedidos devido ao aumento da distância percorrida pelo separador.
- Adicionar uma demanda de agrupamento dos pedidos posteriormente.
- Necessidade de muito espaço para que os pedidos processados sejam armazenados aguardando a etapa de agrupamento e carregamento.

- Modelo de separação por zona: neste modelo, o centro de distribuição é dividido em zonas e os separadores são responsáveis por separar somente os itens de sua zona designada. Este modelo reduz a movimentação do funcionário e pode aumentar a produtividade do processo. O ponto negativo é que requer uma boa organização do estoque, além de um bom balanceamento na carga de trabalho entre as zonas de separação, que veremos com mais detalhes na seção de Calibração de *Picking*.
- Modelo de separação por ciclo ou ondas: aqui, as mercadorias são separadas e preparadas para expedição de acordo com

um ciclo predefinido, geralmente estabelecido pelas rotas de entrega. Este modelo é eficiente, pois minimiza o tempo de preparação de pedidos e o deslocamento dos funcionários. O ponto negativo é que requer uma boa organização do estoque e mais planejamento por ser mais complexo de implementar e monitorar.

Cada modelo tem suas vantagens e desvantagens e a escolha do modelo adequado dependerá das necessidades específicas do centro de distribuição, como volume de pedidos, variedade de produtos e necessidade de flexibilidade. É preciso conhecer as demandas do centro de distribuição antes de escolher um modelo.

Além dos modelos apresentados, existem algumas pequenas variações que podemos listar que podem ser vistas no mercado: separação por carga, separação paletizada, separação por cubagem, separação por peso, separação por nível, separação de *flow rack*, separação antecipada, separação por validade, separação por *bucket brigade*[2] e outros.

Conforme a escolha do modelo de separação, o mapa de calor da operação é afetado diretamente, devendo ser monitorado e ajustado para não haver pontos de gargalo com aglomeração de separação, o que pode levar a atrasos por excesso de tráfego de pessoas e equipamentos. O mapa de calor é a representação dos endereços mais acessados durante a operação de separação com uma escala de cor, sendo o mais fiel possível ao *layout* real do depósito, conforme exemplificado na figura a seguir.

---

[2] Método de coleta de pedidos em armazéns onde os trabalhadores passam itens uns aos outros em sequência, como em uma brigada de baldes. https://www.warehouse-science.com/

RUA 1				RUA 2				RUA 3				RUA 4			
Acessos			Acessos	Acessos			Acessos	Acessos			Acessos	Acessos			Acessos
1453	2	1	0	0	2	1	842	1154	2	1	1880	925	2	1	2086
1341	4	3	558	0	4	3	1440	1717	4	3	1483	664	4	3	865
1472	6	5	857	0	6	5	1416	726	6	5	2331	1024	6	5	1084
2168	8	7	2190	264	8	7	1627	567	8	7	1710	1818	8	7	280
862	10	9	1702	1259	10	9	1043	266	10	9	483	662	10	9	426
703	12	11	0	0	12	11	1544	1939	12	11	1562	1226	12	11	978
2368	14	13	698	613	14	13	1046	452	14	13	453	1466	14	13	1343
1956	16	15	1875	497	16	15	1459	847	16	15	1137	533	16	15	932
2194	18	17	2188	512	18	17	1999	1387	18	17	1148	715	18	17	744
1603	20	19	1234	520	20	19	2480	1784	20	19	1025	1090	20	19	651
2639	22	21	1401	1246	22	21	1503	1132	22	21	954	1282	22	21	864
899	24	23	1070	953	24	23	1273	1208	24	23	787	861	24	23	947
2395	26	25	1789	272	26	25	1036	829	26	25	920	1204	26	25	497
725	28	27	1036	513	28	27	1180	1468	28	27	232	323	28	27	727
607	30	29	450	881	30	29	1876	1239	30	29	1195	1259	30	29	474
1279	32	31	1212	609	32	31	1300	1633	32	31	1445	491	32	31	1147
1489	34	33	1120	239	34	33	0	705	34	33	951	1218	34	33	534
1471	36	35	1071	494	36	35	1810	0	36	35	0	0	36	35	0
390	38	37	1117	159	38	37	592	353	38	37	1140	1284	38	37	827
1695	40	39	1027	160	40	39	683	1256	40	39	1030	857	40	39	800
1294	42	41	324	964	42	41	1446	184	42	41	465	523	42	41	769
1272	44	43	453	789	44	43	901	1051	44	43	2018	2929	44	43	829
1470	46	45	586	366	46	45	1046	618	46	45	1755	1508	46	45	682
1426	48	47	913	350	48	47	900	723	48	47	1022	0	48	47	1141
1814	50	49	546	212	50	49	1463	873	50	49	1565	841	50	49	1173
1318	52	51	400	625	52	51	1236	876	52	51	730	967	52	51	611
791	54	53	340	1320	54	53	1469	1676	54	53	2335	621	54	53	1053
1608	56	55	468	692	56	55	1453	1170	56	55	358	578	56	55	704
848	58	57	245	0	58	57	983	965	58	57	1110	322	58	57	221
779	60	59	930	0	60	59	1430	934	60	59	911	166	60	59	439
322	62	61	799	835	62	61	559	934	62	61	1572	259	62	61	523
200	64	63	759	0	64	63	834	957	64	63	1355	205	64	63	401
152	66	65	98	724	66	65	287	890	66	65	975	355	66	65	654

A escolha do modelo de separação deve buscar reduzir as atividades que não agregam valor. Observe a lista das principais atividades que não agregam valor:

- As movimentações dos colaboradores durante a separação devem ser minimizadas para que se tenha uma operação eficiente com mais tempo para a atividade de *picking*. Menos movimentação leva a menos custos operacionais com mão de obra e equipamentos. Focar sempre em reduzir o trajeto de separação leva também ao aumento da capacidade dos pedidos sem a necessidade de aumentar o depósito ou o número de colaboradores, portanto é essencial aplicar metodologias de melhoria contínua para não perder as oportunidades de eficiência dentro de cada operação.

- As movimentações de produtos também devem ser minimizadas. Cada movimentação tem um custo agregado com equipamentos e mão de obra. A movimentação do produto pode acontecer antes da separação, com o processo de abastecimento, que iremos detalhar na seção de calibração de *picking*. Durante a separação, a falta do produto gera tempo de espera para as operações de separação e as demais que a seguem; por fim, após a separação há o processamento do pedido, que deve seguir até o ponto do próximo processo (embalagem, conferência, sequenciamento, carregamento etc.), portanto o local em que a separação é finalizada também deve ser projetado no *layout* do armazém para que se faça o mínimo de esforço nessa movimentação.

- Os tempos de espera de um separador devem ser gerenciados a todo instante para que não leve à ineficiência operacional. Os principais motivos que levam ao tempo de espera podem ser:

    - Falta de automação na distribuição das listas de separação pode gerar movimentações desnecessárias, fazendo com que o separador solicite ou colete a próxima lista de separação.

    - Falta de treinamentos operacionais com procedimentos padronizados pode gerar ineficiência, erros e atrasos.

    - Falta de equipamentos adequados para a atividade de separação, dependendo do formato da operação. Porém os mais comuns são: um coletor de dados, uma transpaleteira manual ou elétrica, um carrinho de separação, esteiras manuais ou motorizadas, todos funcionando corretamente.

- Falta do endereço contido na lista de separação em sequência com o endereço físico nos corredores do depósito devidamente sinalizados.
- Demanda volátil e com pouca previsibilidade, o que leva a tempo de espera da mão de obra disponível em momentos de baixa e excesso de capacidade em momentos de alta demanda, tornando mais difícil o planejamento do quadro de pessoas.
- Inventários imprecisos geram falta de produto durante a etapa de separação, além de custo de contagem e correção das quantidades em cada endereço de armazenagem.

A busca por melhoria contínua na separação, assim como em qualquer outro processo, foca na redução da variabilidade nas etapas do processo de *picking*. Isso pode ser feito medindo inicialmente os tempos da atividade, a precisão do *picking* e a distância percorrida em cada setor de separação. Assim, é possível identificar as áreas com oportunidades. Com os dados coletados, é preciso analisar e encontrar as causas da variabilidade.

Com as causas identificadas, é necessário implementar soluções como, alteração do *layout*, mudança de endereços de *picking*, revisão na política de calibração do *picking* ou revisão nos procedimentos-padrão e novos treinamentos. Após a alteração é interessante manter as medições do *picking* e auditorias regulares para garantir as melhorias, os ganhos na operação e identificar a próxima oportunidade de melhoria.

Esses passos são, na essência, os conceitos que a metodologia *Lean Six Sigma* defende, e consistem na eliminação dos desperdícios operacionais com foco na redução da variabilidade e na constante busca pela melhoria da qualidade, conforme defende M. L. George (2002). Apesar de simples, exige o compromisso e o engajamento de todos, desde a alta gerência até os trabalhadores do armazém.

Os principais indicadores-chave de *performance* para o setor de separação incluem:

- Produtividade da separação Homem-Hora (por acesso, quantidade, peso etc.): tempo necessário para separar os itens de um pedido.

- Tempo de ciclo de *picking*: é o tempo que leva desde o momento em que um pedido é recebido até o momento em que é coletado e pronto para ser enviado. Reduzir o tempo de ciclo de *picking* pode ajudar a melhorar a eficiência e a satisfação do cliente.

- Custo por unidade de *picking*: mede o custo associado à coleta de cada item ou pedido. Isso pode incluir custos de mão de obra, custos de equipamentos e outros custos operacionais.

- Qualidade na separação: porcentagem de pedidos separados corretamente, podendo ser medida internamente com conferências ou externamente por meio da devolução de clientes.

- Tempo de inatividade: mede o tempo em que o equipamento ou colaborador estão fora da atividade de separação ou em espera.

- *Turnover* (% e R$) do time de separação.

- *Checklist* de organização do setor de separação.

CONFERÊNCIA E CARREGAMENTO

Com a consolidação dos produtos separados inicia-se, então, os processos de conferência e de carregamento, para que se realize o último ponto de verificação e, em seguida, o embarque da mercadoria no veículo de transporte. Aqui também existem diversos formatos. Há a possibilidade de agrupar e conferir os volumes de separação na sequência de embarque e entrega para o cliente, podendo ser por pedido, por palete, por rota, por *layout* de carga, transbordo ou outro formato.

Durante a conferência de pedidos deve haver a verificação do produto separado ou embalado em sua quantidade e integridade por meio do código de barras e do estado físico, a fim de garantir que correspondam ao pedido do cliente. Duas boas práticas nessa etapa são a identificação e a comunicação do conferente com quem está embarcando os volumes no veículo, garantindo que serão embarcados somente os produtos já conferidos.

O processo de conferência, assim como todos os demais processos discutidos, devem ser rigorosamente padronizados para se garantir a consistência do estoque e do pedido. O uso de tecnologias, como leitura de códigos de barras ou RFID (identificação por radiofrequência) também auxiliam muito na velocidade na qualidade da conferência.

Uma boa ideia nessa etapa é a realização de auditorias por amostragem nos pedidos já conferidos para verificar a precisão do processo de conferência e apontar necessidades de melhoria.

Seguido do carregamento, que consiste na alocação dos produtos nos veículos de transporte, que devem seguir uma organização predefinida como *layoutização* de cargas ou sequenciamento dos pedidos para contribuir para uma entrega rápida e eficiente. A organização dos produtos no veículo também deve seguir um padrão que dê segurança à integridade do produto, como a distribuição do peso na carga, e evite possíveis avarias de transporte.

Por fim, é interessante o *feedback* da equipe de transportes com relação à qualidade das cargas, com registros e evidências que comprovem a oportunidade de melhorias.

Os principais indicadores-chave de *performance* para o setor de conferência e carregamento de expedição incluem:

- Taxa de acerto de pedidos: porcentagem de pedidos conferidos corretamente.
- Tempo de conferência Homem-Hora: tempo gasto para preparar a conferência de cada produto.
- Tempo de carregamento: tempo gasto para carregar os veículos de transporte. Os tempos de conferência e de carregamentos também podem ser medidos por indicador de tempo para o giro da doca.
- *Turnover* do time de expedição.

Daqui segue para os processos de faturamento e logística de transporte.

Certa vez, uma operação estava passando por um processo de implantação de um sistema de gestão de armazém (WMS) em que todas as atividades deveriam ser executadas utilizando um coletor de dados. A etapa de conferência, que acontecia com a utilização de papel e caneta, agora ocorre com o bipe dos códigos de barras do produto.

Durante o treinamento, os conferentes mais antigos da casa opuseram-se à adoção da tecnologia, com a alegação de que a conferência sempre fora manual e que essa nova prática iria atrapalhar o tempo de conferência. A implementação foi feita e depois de três meses fui até o conferente que havia reclamado e perguntei o que ele estava achando desse novo processo. A resposta não poderia ter sido melhor: ele disse que estava conseguindo conferir mais produtos e que sua taxa de erros tinha diminuído consideravelmente. Ele estava adorando a novidade e disse que não conseguiria mais voltar a fazer como antes.

A lição aprendida é que todas as mudanças geram desconforto, mesmo que sejam para melhorar o que fazemos. Devemos ter sabedoria e jogo de cintura quando abraçamos a causa da melhoria contínua.

DEVOLUÇÃO

Ainda dentro do centro de distribuição existe o processo de devolução, ou retorno da mercadoria, sendo responsável por um custo significativo dentro do armazém, pois envolve processos no estoque para garantir que essas mercadorias sejam internalizadas em sua integridade no local correto, tornando possível uma nova movimentação futura.

Aqui existem alguns pontos de risco que devem ser levados em consideração:

- Ter uma política bem definida e comunicada entre a empresa, transportadora e clientes, detalhando os procedimentos, prazos e condições para que seja realizada uma devolução.

- Garantir que os mesmos critérios utilizados no recebimento de mercadorias também sejam adotados e que não haja furos de estoque ou revenda do item antes da liberação do produto por esse processo.

- Verificação da qualidade do produto e sua condição de revenda, como pequenas avarias na embalagem e data de vencimento.

- Ter um processo bem-definido de movimentação do produto para a área de armazenamento ou *picking* do produto.

- Registro de motivos de devoluções para que se possa entender as causas e seguir com melhorias contínuas nos setores comerciais, logística e armazém.

- Ter auditorias totais ou parciais nesse processo por parte de uma equipe imparcial à operação integrante do setor de Prevenção de Perdas ou Controladoria.

Os principais processos de devolução de clientes dentro de um centro de distribuição incluem recepção, triagem, armazenamento temporário, processamento e resolução dos itens devolvidos.

Os principais indicadores-chave de *performance* para o setor de devoluções incluem:

- Tempo médio de processamento de devoluções.
- Motivos de devolução segmentados (por clientes, por responsáveis, por justificativa, etc.).
- Taxa de aceitação de devoluções.
- Taxa de itens danificados ou não vendáveis.
- Custo total de devoluções.

QUALIDADE

Por fim e não menos importante, para que os processos internos caminhem em harmonia existe um setor de Qualidade e Controle que desempenha um papel crucial na gestão eficaz de um armazém. Ele garante que todas as operações sejam planejadas e controladas de forma eficaz, que o desempenho seja monitorado e gerenciado, que todas as atividades sejam coordenadas da melhor forma possível, que todas as normas e todos os regulamentos sejam cumpridos, e que a busca pelas melhorias contínuas seja a cultura da organização. Entre as principais atividades podemos listar:

- Previsão de demanda futura para planejamento de recursos de mão de obra e equipamentos.
- Elaboração de procedimentos-padrão.
- Auditoria de processos, incluindo as normas internas e cumprimento de regulamentações.
- Controle de inventários.
- Medição de indicadores.
- Gestão de produtividade e gamificação.

- Setor de trocas.
- Calibração de *picking*.
- Melhoria contínua. É o setor responsável por identificar oportunidades para melhorar a eficiência e a eficácia das operações do armazém, como a implementação de novas tecnologias ou novos processos, a realização de treinamentos de funcionários ou a revisão e a atualização de políticas e procedimentos.

Cada um dos setores descritos compõem o fluxo da mercadoria dentro de um armazém e estão interconectados, não atuando de forma independente. Cada processo quebrado em algum ponto, certamente afetará a próxima etapa e, consequentemente, o próprio setor em desconformidade. Portanto os setores são vistos como uma engrenagem em um grande sistema que busca um nível de serviço com excelência com o menor custo possível.

Os principais indicadores desse setor são:

- Precisão do Inventário. Um estoque acurado indica o bom funcionamento dos processos entre os ciclos de contagem.
- Tempo de Ciclo de Operações, desde o recebimento até a expedição. Tempos de ciclo mais curtos indicam maior eficiência operacional.
- OTIF ou Taxa de Cumprimento de Pedidos, que demonstra a porcentagem de pedidos que são atendidos corretamente e no prazo, que indica o nível de serviço prestado ao cliente.
- Custo Operacional por Unidade, que mede o custo total de operação do armazém por unidade de produto movimentada, envolvendo todo o orçamento de despesas e receitas operacionais.

- Utilização de Recursos, que exige o conhecimento da capacidade e utilização dos recursos do armazém (mão de obra e equipamentos). Uma alta utilização de recursos pode indicar eficiência, mas também pode apontar que os recursos estão sendo sobrecarregados.

PROCEDIMENTOS OPERACIONAIS PADRÃO

O objetivo de um Procedimento Operacional Padrão é garantir que todas as atividades sejam realizadas de forma consistente e eficiente. É importante que o procedimento seja claro, fácil de seguir e que seja regularmente revisado e atualizado para refletir quaisquer mudanças nas operações ou nas melhores práticas do setor. Observe um passo a passo de como elaborar um:

- Primeiramente, identifique as atividades-chave da sua operação, como conferência de entrada e saída, separação, embalagem, abastecimento, inventário, e comece por elas. A partir daí, documente o processo atual de cada atividade. Isso envolve a observação das atividades conforme elas ocorrem e a anotação de cada passo. Certifique-se de incluir detalhes como quem realiza a atividade, quais ferramentas ou equipamentos são usados e quanto tempo cada passo leva. Com o processo atual mapeado, analise para identificar quaisquer ineficiências, problemas ou oportunidades de melhorias.

- Elabore um procedimento operacional padrão para cada atividade, incluindo uma descrição detalhada de cada passo, quem é responsável (apenas a função), quais ferramentas ou equipamentos são necessários, e quais são os indicadores e as métricas de desempenho esperados. Garanta que o procedimento seja claro, conciso e fácil de seguir. Com o procedimento escrito, envolva a equipe para revisão e validação com todas as partes envolvidas, incluindo gerentes, executores e qualquer outra pessoa envolvida na atividade. Faça os ajustes necessários com base no *feedback* recebido e siga para a agenda de treinamentos de todos os colaboradores que realizam a atividade no novo procedimento. Isso pode envolver treinamento em sala de aula, prático ou ambos.

- Com o time devidamente orientado é necessário estabelecer uma data para a implementação do novo procedimento e monitorar de perto para garantir que está sendo seguido. Isso pode envolver auditorias regulares e a coleta de *feedback* do time. É importante a revisão e a atualização do procedimento regularmente para garantir que ele continue a ser eficaz ou se surgiu uma oportunidade de fazer melhor.

INVENTÁRIOS

As contagens de estoque são uma medição da eficiência operacional e indicam se há ruptura em processos operacionais que levam à inconsistências de estoque. Por isso é importante ter uma regularidade na contagem de estoque para ter essa medição de forma ágil o suficiente para atacar as causas que geram as divergências.

Na construção de um calendário de contagens é importante observar as características de cada família de produto para poder contemplar as contagens com maior ou menor frequência, de acordo com o risco que cada um apresenta para furos de estoque. Observe as principais categorias listadas:

- Alto giro: estes itens, por terem maior número de movimentações, devem ter a frequência de contagem maior do que os que movimentam menos.

- Produtos com vencimento curto: produtos com tempo de prateleira curto, ou baixo *shelf life*, devem ter um tipo de contagem que calcule a quantidade por validade para que o time comercial tenha tempo hábil de negociar com o fornecedor e de tratar o estoque da melhor forma possível.

- Produtos de alto risco (P.A.R.): estes itens são os que têm o maior risco de inconsistências de estoque por serem frágeis e terem maior chance de furtos, e geralmente têm um valor agregado maior. Algumas operações mantêm esse estoque em setores confinados com restrição de acesso.

- Sem vendas: esses produtos de baixa movimentação devem ser contados para garantir que o estoque existe ou se há alguma inconsistência no sistema.

- Transferências: produtos que foram transferidos de uma unidade para outra devem ter seus estoques contados, mesmo que por amostragem, para garantir que o processo de transferência foi executado corretamente nas duas unidades envolvidas.

- Reconferência do recebimento: é importante ter essa auditoria por amostragem do que foi recebido para garantir que todos os processos do recebimento estão sendo cumpridos corretamente.

- Trocas: o estoque do setor de trocas é utilizado pelo time comercial durante o processo de negociação com o fornecedor e, portanto, deve estar sempre com a informação confiável no sistema.

- Estoques baixos: a contagem de produtos com estoque baixo é uma forma de prevenir que haja falta de itens no *picking* durante o processo de separação por inconsistência de estoque no endereço de *picking*.

Observe as principais etapas para a preparação ou pré-contagem, execução e pós-contagem que devemos planejar para iniciar a atividade de inventário de estoque:

ETAPA 1 – PREPARAÇÃO OU PRÉ-CONTAGEM

Esta etapa é fundamental para que a execução ocorra de forma rápida, eficiente e sem a necessidade de muitas recontagens posteriormente. Consiste na determinação do calendário de contagens com a relação dos itens que serão inventariados a cada dia.

Certifique-se de que o armazém e os demais locais de contagem estão organizados e que todos os itens estão acessíveis, além de dividir e identificar os setores de contagem com a relação de quem irá iniciar em cada setor.

Treine todos os funcionários que estarão envolvidos na contagem de estoque. Isso deve incluir instruções sobre como contar diferentes tipos de itens e como registrar suas contagens.

ETAPA 2 – EXECUÇÃO OU CONTAGEM

Realize a contagem de estoque conforme planejado. Isso deve ser feito de maneira sistemática para garantir que todos os itens sejam contados e que nenhum seja contado duas vezes, duplicando as quantidades.

Verifique as contagens para garantir sua precisão. Isso pode envolver a realização de uma segunda contagem de certos itens ou a verificação das contagens com o estoque contido no sistema.

É interessante sempre validar algumas contagens por amostragem durante o processo de execução.

ETAPA 3 – PÓS-CONTAGEM

Analise os resultados da contagem de estoque, confrontando a divergência entre o que foi contado com o estoque do sistema. Estabeleça um critério para recontagem de itens com divergências; por exemplo, divergências acima de ± 10 (faltas e sobras) ou ± R$ 50,00 (ou outro valor predefinido) devem ser verificadas. Pode-se, ainda, adotar os dois critérios de forma simultânea.

Mantendo-se a divergência, verificar os prováveis motivos de inconsistência:

- Produtos da mesma família (fragrâncias, sabores, marcas, embalagens).
- Histórico de produto a entrada e saída.
- Transferências entre unidades.
- Consumo interno sem observar o processo de baixa de estoque.
- Perdas operacionais.
- Inventários anteriores com ajustes errados.
- Lançamento de NF com pendência de entrada.
- Falha na importação de vendas.
- Alteração de código de barras.

A partir daí, faça os ajustes necessários de estoque via sistema com base nos resultados das contagens validadas.

Após as contagens serem validadas, é importante identificar as causas da divergência para criar os planos de ação, as instruções de trabalho dos processos falhos identificados e a orientação para a equipe por meio de treinamentos. Portanto a contagem frequente de estoques é uma prática relevante para manter a precisão do inventário, detectar e resolver problemas, melhorar a eficiência operacional, auxiliar no planejamento e na previsão e melhorar a satisfação do cliente.

Lembre-se que a atividade de inventário não é apenas a contagem de estoque, mas um processo essencial na gestão de um armazém. É fundamental que seja feita de maneira precisa e eficiente, seguindo, para isso, as etapas de pré-contagem, contagem e pós-contagem.

PRODUTIVIDADE INDIVIDUAL E GAMIFICAÇÃO

A eficiência de uma operação é consequência da execução dos processos com excelência, por isso é fundamental a padronização de cada etapa de forma a seguir as melhores práticas de modo consistente. Sendo assim, defendo que o papel do treinamento operacional é fundamental para o alinhamento de como deve ser executada cada etapa e o nivelamento de novatos que ainda não conhecem a operação.

Quando os processos já estão com todas as etapas e regras bem definidas para cada atividade é possível seguir com a implementação de um sistema de produtividade. Esse sistema pode ser uma poderosa ferramenta para monitorar e garantir eficiência nos processos por meio da correta divulgação dos indicadores de *performance* para os colaboradores, ou seja, mediante um sistema de gamificação. Os sistemas de gestão de armazém geram muitas informações sobre as movimentações internas, como tempos de execução, tipo de atividade, quem executou a operação, tempos de espera, formação de filas e muito mais. Com esses dados podemos elaborar um programa de produtividade individual de forma a medir e pontuar cada atividade executada pelos colaboradores e premiar cada um por isso, baseado na meritocracia e na *performance* individual.

Um sistema de produtividade utilizando conceitos de gamificação precisa ter os três pilares para obter resultados significativos. São eles:

1. Clareza nos indicadores que serão medidos. Podemos dividir os indicadores entre indicadores de <u>resultado</u> e indicadores de <u>comportamento</u>.

    a. Indicadores de resultado: estes indicadores medem a <u>produtividade</u> ou a <u>qualidade</u> relacionada à atividade. Por exemplo, se a atividade é separação, então os indicadores de produtividade podem ser: acessos-homem-hora, pedidos por hora ou outro similar, enquanto os indicadores de qualidade podem ser: % de erros de separação, apontamentos de não conformidade em processos, organização do setor etc.

    b. Indicadores de comportamento: estes indicadores permitem medir como o colaborador contribui com o ambiente de trabalho com relação ao aspecto de conduta, tão importante para garantir uma operação consistente. Alguns exemplos são: assiduidade (faltas e atrasos), ocorrências com marcação de pontos e medidas disciplinares.

2. Metas justas e alinhadas com os objetivos da empresa, como: vendas, despesa e nível de serviço. Sendo assim, as metas de resultado e comportamento devem ser o desdobramento desses objetivos para não ocorrer, por exemplo, da operação atingir a meta de resultado e a empresa não atingir a meta de vendas. Ao estabelecer as metas, as regras devem estar claras para todos os colaboradores, principalmente se a estrutura permitir que um colaborador exerça mais de uma atividade dentro da operação e seja medido por cada uma delas.

3. Divulgação rápida por meio de ferramentas de tecnologia. Os indicadores e as metas devem ser convertidos em formatos de pontuação, sendo ideal que todos tenham ao menos uma atualização da pontuação individual. É interessante elaborar sistemas de reconhecimento, como medalhas e conquistas de realização de desafios.

Além disso, o sistema de gamificação também exige:

- *Feedbacks* regulares (diários, semanais, quinzenais ou mensais).
- Reconhecimento de conquistas em público.
- Competições saudáveis; elas sempre incentivam a colaboração e o crescimento de todos.
- Recompensas que sejam atrativas, que incentivem o colaborador a sempre estar atento ao que pode fazer melhor, sendo interessante para a empresa e para o indivíduo.
- Oferecimento de treinamento contínuo ou o caminho do aprendizado, deixando claro para o colaborador que sempre terá oportunidade para o desenvolvimento de habilidades e crescimento profissional.
- Melhoria contínua no próprio sistema de produtividade. O caminho da excelência operacional sempre é aberto para que o sistema evolua baseado no *feedback* dos próprios participantes.

Dentro de uma operação existem as principais atividades que agregam valor ao negócio e, portanto, devem ser contempladas na medição da produtividade. Observe a relação dessas atividades com sugestões de indicadores de resultado:

ATIVIDADES	INDICADORES DE RESULTADO
Descarga de recebimento	» Volumes descarregados » Peso descarregado » Quantidade e tipo de carga
Conferência de recebimento	» Volumes conferidos » Peso conferido » Quantidade e tipo de carga
Armazenamento	» Movimentações realizadas
Abastecimento	» *Pickings* abastecidos
Separação	» Quantidade separada por setor » Peso separado por setor » Acessos realizados por setor
Embalagem	» Unidades geradas » Quantidade de itens embalados
Agrupador de pedido	» Quantidade de volumes agrupados
Conferência de expedição	» Quantidade conferida
Carregamento de expedição	» Volumes carregados » Peso carregado

Um sistema de produtividade deve estimular os colaboradores que tiverem o devido treinamento e autorização, que executem sua atividade principal, mas que também realizem outras atividades caso haja tempo disponível, garantindo, assim, uma flexibilização de colaboradores capacitados em multitarefas. Por isso deve-se promover a capacitação por meio de treinamentos rotineiramente.

Cada atividade executada pode, então, ser convertida em um sistema de pontuação que equilibre o esforço realizado em cada uma. Uma forma simples de encontrar esse equilíbrio é olhar para os dados históricos e identificar o tempo médio de cada indicador, convertendo-o em pontuação de forma que cada atividade seja pontuada de maneira similar por hora trabalhada. Por exemplo, se um separador "A", que tem uma produtividade de 100 acessos por hora em um setor de separação de itens fracionados (1 a 500gr por item), e outro separador "B", que tem a produtividade de 80 acessos por hora em um setor de caixas fechadas (1 a 5 kg por item), esse esforço deve ser compensado de forma que os dois separadores atinjam a mesma pontuação por hora trabalhada. Assim, para cada ponto que o separador "A" fizer, o separador "B" fará 1,25 pontos a mais por acesso realizado.

Para que a gamificação tenha resultado no incentivo da equipe é necessário que o monitoramento e a comunicação com o time sejam os mais rápidos possíveis, de preferência em tempo real. Assim, cada um, com a visibilidade da informação do que está produzindo ao longo da jornada, indicará como está sua *performance* e quantos pontos já foram realizados. É possível agrupar os separadores com alta e baixa *performance*, traçar estratégias diferentes para cada um deles e aplicar o *feedback* gerencial de forma individual, o que é fundamental para o reconhecimento de quem tiver a *performance* esperada. Assim, há o entendimento das causas e a elaboração de um plano de desenvolvimento para os que tiverem uma *performance* abaixo do esperado, podendo ser falta de equipamento adequado, falta de treinamento, adaptação à atividade etc.

Além do *feedback*, uma boa prática é promover reuniões semanais com o time para discutir sugestões de melhorias nos processos de forma a incentivar e a habituar ao ambiente a cultura da melhoria contínua.

Os dados gerados por um sistema de produtividade podem ser usados para previsão da demanda futura e para planejar adequadamente seus recursos, a fim de determinar a quantidade ideal de pessoal necessário para diferentes turnos ou a melhor maneira de utilizar os equipamentos de movimentação.

Em um projeto de implementação de um sistema de produtividade individual dentro de um centro de distribuição com 300 colaboradores, tínhamos um sistema de apontamento de produtividade manual e com divulgação mensal. Além disso, cada colaborador era remunerado pela produção somente em sua atividade principal, ou seja, um separador podia separar somente em seu setor, e caso fizesse outra atividade, não seria medido por isso.

Com o novo sistema, que marcava pontuação para qualquer atividade que o colaborador exercesse dentro de suas qualificações, divulgando duas vezes por semana, de forma individual, a produtividade da operação subiu 12%, impactando diretamente as despesas de operação e remunerando melhor cada colaborador com o mesmo orçamento disponível.

Por fim, nessa operação existia um setor em que a separação de miudezas era realizada por meio de um *flow rack*. Nela havia 17 separadores. Depois da implementação da produtividade, a própria equipe percebeu que daria conta da produção com três colaboradores a menos e eles teriam, assim, a possibilidade de uma remuneração melhor. E foi exatamente o que houve, com o próprio *turnover* da equipe o quadro foi reajustado sem a necessidade de reposição.

CALIBRAÇÃO DE *PICKING*

Cada endereço de *picking* em um armazém contém sua capacidade limite, ou seja, quantas unidades ou caixas do produto cabem no endereço. Além disso, o ponto de reposição é a quantidade atingida pelo *picking* gerando um abastecimento pelo sistema, o que chamamos de um abastecimento preventivo, porque se dá antes da etapa de separação, evitando, assim, que haja falta do produto durante o processo de *picking*.

Portanto, qual é a política ideal na definição da capacidade de *picking* e ponto de reposição para o abastecimento preventivo de *picking* dentro de um centro de distribuição? Quais são os principais indicadores-chave de *performance* para acompanhar a eficiência do processo de abastecimento de *picking*?

A política ideal depende do tamanho e da complexidade do centro de distribuição, bem como do volume e da variedade de mercadorias armazenadas. Como uma boa prática, devemos seguir as etapas a seguir:

- Disponibilidade de *picking*: inicialmente é preciso identificar quantas posições de *picking* existem disponíveis fisicamente; podemos contar em posições paletes como unidades-padrão.
- Conhecer a demanda de cada produto, classificando na curva ABC (80/15/5) em movimentação.
- Distribuir os setores de separação para que fiquem com a demanda equilibrada, podendo ser zonas de separação, ruas inteiras, estações etc. Esta etapa influencia diretamente o *layout* do armazém e o mapa de calor que a operação irá gerar.
- Dentro de cada setor de separação, distribuir os produtos ABC de forma a minimizar o percurso de separação e sem gerar gargalos na operação. É aconselhável medir o mapa de

calor, conforme o exemplo na figura a seguir e definir a melhor estratégia para eficiência na operação. Neste exemplo as colunas em branco representam o endereço de cada posição palete no CD, os números destacados do amarelo ao vermelho, indicam a quantidade de acessos que cada endereço teve em um determinado período e a linha tracejada representa a rota de separação:

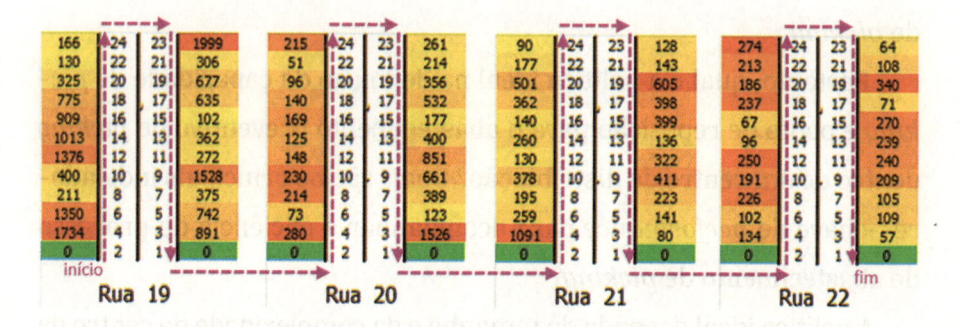

166	24	23	1999	215	24	23	261	90	24	23	128	274	24	23	64
130	22	21	306	51	22	21	214	177	22	21	143	213	22	21	108
325	20	19	677	96	20	19	356	501	20	19	605	186	20	19	340
775	18	17	635	140	18	17	532	362	18	17	398	237	18	17	71
909	16	15	102	169	16	15	177	140	16	15	399	67	16	15	270
1013	14	13	362	125	14	13	400	260	14	13	136	96	14	13	239
1376	12	11	272	148	12	11	851	130	12	11	322	250	12	11	240
400	10	9	1528	230	10	9	661	378	10	9	411	191	10	9	209
211	8	7	375	214	8	7	389	195	8	7	223	226	8	7	105
1350	6	5	742	73	6	5	123	259	6	5	141	102	6	5	109
1734	4	3	891	280	4	3	1526	1091	4	3	80	134	4	3	57
	2	1	0	0	2	1	0	0	2	1	0	0	2	1	0

início — Rua 19 — Rua 20 — Rua 21 — Rua 22 — fim

- Distribuir os espaços disponíveis na proporção ABC para cada classificação de produto, ou seja, 80% do espaço para os produtos curva A, 15% para produtos curva B e 5% para produtos curva C.

- Capacidade de *picking*: definir a capacidade de *picking* de forma a aproveitar todo o espaço definido. É importante levar em conta a paletização do produto para utilizar sempre que possível múltiplos de paletes, meio palete e espaços de escaninhos, caso sejam padronizados. Uma definição inicial pode ser garantir, por exemplo, 3 dias de estoque para os produtos curva A, 10 dias para produtos curva B e 30 dias para produtos curva C, e a partir daí fazer as adaptações necessárias para atender ao estoque de segurança desejado com a disponibilidade de espaço físico. É essencial conhecer tanto a demanda média diária quanto a variabilidade para considerar na definição da capacidade correta.

- Ponto de reposição: definir qual é o estoque mínimo que o *picking* deve ter antes que se gere um novo abastecimento. Essa é uma das etapas mais importantes, pois é nessa fase que nossa política de abastecimento preventivo irá gerar mais ou menos demanda para as movimentações de abastecimento.

Se escolhermos um ponto de reposição muito alto, o abastecimento produzir movimentações em endereços de *picking* que já têm estoque suficiente para suportar a demanda de vários dias de operação. Por outro lado, se escolhermos um ponto de reposição muito baixo, corremos o risco de o estoque do *picking* não ser suficiente para o próximo ciclo de separação. Então é preciso encontrar o ponto de equilíbrio correto de forma a gerarmos o mínimo de movimentações de abastecimento possíveis e garantir o estoque nos endereços de *picking* suficiente para o próximo ciclo de separação.

Para entendermos melhor a importância de uma calibração de *picking* foram realizadas duas simulações de uma operação com as seguintes características:

- 5.000 endereços de *picking*.
- As movimentações estão distribuídas na classificação ABC na proporção 65/20/15, respectivamente, e em quantidade de produtos 20/30/50, ou seja, 20% dos produtos são de curva A e representam 65% de toda a movimentação, 30% dos produtos são de curva B e representam 20% da movimentação e 50% dos produtos são de curva C e representam 15% de toda movimentação.

- A demanda é a representação de uma operação real de um centro de distribuição com uma variabilidade alta (coeficiente de variação de 50%), o que representa uma operação cotidiana com grande número de produtos diferentes disponíveis.

O modelo simulou 100 dias de operação (método de Monte Carlo) considerando dois cenários diferentes. No primeiro cenário foi utilizada a capacidade de *picking* da seguinte forma:

Classificação ABC	Capacidade de *picking* (dias de estoque)
A	3 dias
B	10 dias
C	30 dias

Com essa capacidade podemos observar no gráfico que as barras representam a quantidade de abastecimentos necessários para atender à política de abastecimento preventivo e a linha vermelha representa a quantidade de endereços de *picking* que a operação de separação terá como probabilidade de quantidade insuficiente para atender à demanda. O ponto de reposição está representado no eixo x em % da capacidade de *picking*.

Assim, fica claro perceber que a escolha da % do ponto de reposição irá afetar diretamente a operação de abastecimento na quantidade de movimentações, gerando a necessidade de mais ou menos pessoas e equipamentos para realizar essas atividades, além de impactar a operação de separação quanto à quantidade de endereços de *picking* que terão falta de estoque.

Nesse cenário podemos perceber que definir o ponto de reposição como 15% da capacidade do *picking* trará um resultado significativo na redução de faltas. Perceba que 30% no ponto de reposição geraria apenas abastecimentos adicionais, sem impactar a operação de separação, mantendo as faltas no nível de 80 endereços.

Além disso, para obter melhores resultados seria necessário trabalhar com % de ponto de reposição acima de 50%, o que pode ser inviável operacionalmente devido ao excesso de movimentações necessárias, que fica cada vez maior quando se deseja zerar as faltas.

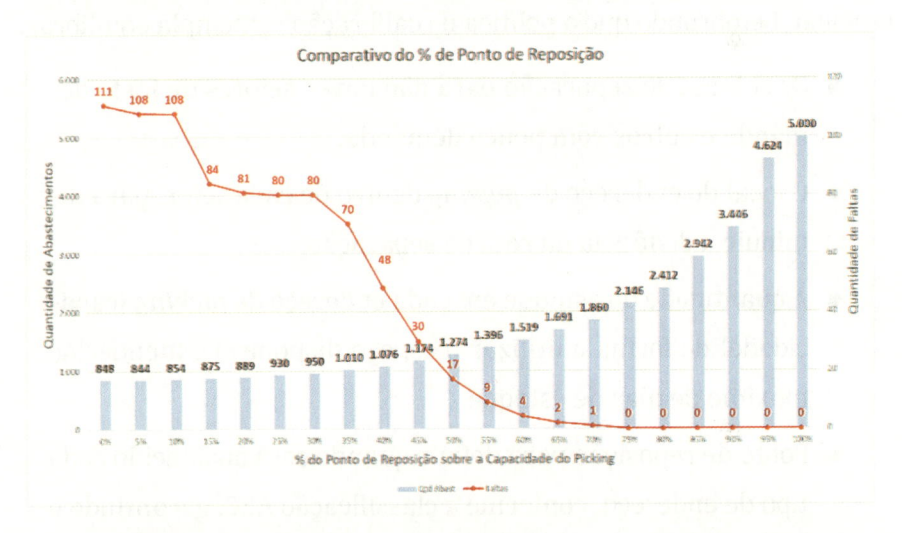

Em um segundo cenário, em que se tenha menos espaço disponível para distribuir para os endereços de *picking*, escolhemos diminuir a quantidade de dias de estoque para cada classificação ABC.

Classificação ABC	Capacidade de *picking* (dias de estoque)
A	2 dias
B	5 dias
C	15 dias

Dessa forma, a simulação ficaria com os resultados demonstrados no gráfico a seguir. Percebemos que o impacto é muito significativo, principalmente na quantidade de movimentações necessárias para gerar o abastecimento preventivo. Nesse caso, a % do ponto de reposição para ter resultado nas faltas seria em torno de 30% da capacidade do *picking* e, mesmo assim, sendo necessário gerar o dobro de movimentações do cenário anterior, mantendo a mesma quantidade de faltas.

Por isso é essencial ter uma boa estratégia na definição da política de calibração de *picking*, pois ela impacta diretamente a eficiência operacional. Lembrando que a política de calibração contempla equilibrar:

- Os setores de separação para não haver setores de forte demanda e outros com pouca demanda.
- O local do endereço de *picking* dentro de cada setor, para diminuir a distância da rota de separação.
- A quantidade de estoque em cada endereço de *picking* (capacidade) de forma a utilizar o espaço disponível e atender ao máximo de dias de estoque.
- Ponto de reposição para definir quando será abastecido cada tipo de endereço, conforme a classificação ABC, garantindo o abastecimento com o mínimo de movimentações possíveis.

Os principais indicadores-chave de desempenho (KPI) para acompanhar a eficiência do processo de abastecimento de *picking* incluem:

- Tempo de abastecimento: pode ser medido em minutos e segundos ou pela produtividade homem-hora que executam essa atividade.
- Assertividade do abastecimento: a precisão do processo de abastecimento. Erros no abastecimento podem levar a erros

de *picking*, por isso é importante garantir que os itens certos estejam sendo abastecidos nas quantidades corretas.

- Nível do ponto de reposição: mede a quantidade de estoque de segurança mantida em reserva para cobrir variações na demanda ou atrasos no reabastecimento. Manter um nível adequado de estoque de segurança pode ajudar a evitar atrasos na atividade de *picking*.

- Quantidade de abastecimentos corretivos: esses abastecimentos realizados durante a etapa de separação devem ser analisados para entender se foi pico de demanda, falha no processo de abastecimento preventivo ou capacidade insuficiente para atender à separação.

- Assertividade do inventário de *picking*: as inconsistências de estoque nos endereços de *picking* geram abastecimentos preventivos errados.

Em um cliente de distribuição havia um gargalo na operação devido ao aumento das vendas. A operação de separação estava com um problema de abastecimento por ter poucas empilhadeiras para essa atividade. Como a separação era mais forte durante o turno noturno, o abastecimento era realizado no turno do dia, mas, mesmo assim, faltava muito produto na área de separação e eles precisavam operar com quatro empilhadeiras à noite para continuar a abastecer.

Fizemos, então, o estudo da calibração de *picking* e implementamos durante um mês, garantindo, assim, espaço de separação proporcional ao volume de saída de cada produto. Ao final, garantimos pelo menos 3 dias de operação para os produtos curva A, 5 dias para os produtos curva B e 10 dias para produtos curva C, respeitando o espaço disponível.

O resultado foi que a separação ficou muito mais eficiente, parou de atrasar a expedição dos pedidos, e das quatro empilhadeiras que eram utilizadas à noite ficamos apenas com uma, e os operadores foram remanejados para outras atividades. Além disso, durante o dia, a média de abastecimentos era de 1.600 paletes e caiu para 900 paletes com a calibração. Um resultado excepcional!

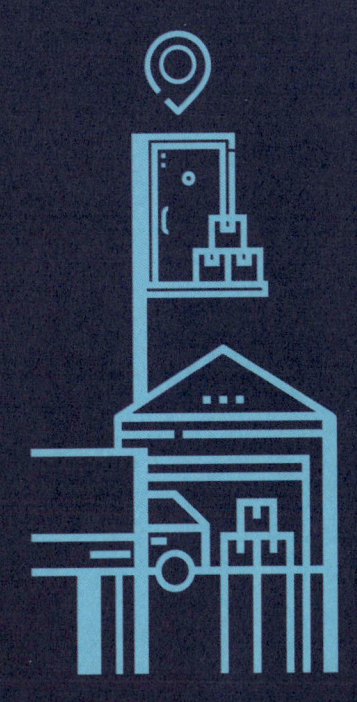

5 LOGÍSTICA DE ENTREGA

UMA VEZ QUE O VEÍCULO FOI carregado, é necessário discutir as estratégias de entrega, também para minimizar o custo, pois é nessa etapa que o custo é mais elevado no fluxo global da mercadoria em uma operação de distribuição. Portanto o primeiro passo para uma logística de entrega eficiente é conhecer bem os seus custos, especificamente o seu custo por quilômetro rodado por modal.

Conhecendo bem os custos é possível definir as estratégias de transporte que melhor atendem à necessidade de cada operação, sendo as principais:

- Entrega própria ou terceirizada.
- Entrega direta ou com um transbordo de consolidação.
- Definição de políticas das rotas de entrega com:
  - Datas de fechamento.
  - Valores mínimos de atendimento (rota principal e galhos).
  - Periodicidade com prazos de entrega.
  - Modal.
  - Tipo de frota (capacidade).
  - Estratégia de frete.
- Utilização de uma sequência de roteirização.
- Gestão da entrega.

Por fim, uma boa escolha de indicadores é essencial para uma boa gestão de transportes. Existem inúmeros indicadores para acompanhar a logística. Neste capítulo serão abordados alguns comumente praticados, como o custo por KM rodado, eficiência de frota, produtividade do motorista e o famoso *On Time In Full* (OTIF), que é composto pela aderência ao prazo de entrega e pela conformidade de entrega do pedido em sua totalidade.

CUSTOS

Para entendermos os custos de frete, o interessante é tratarmos a transportadora como uma empresa separada dos demais departamentos da empresa. Sendo assim, devemos olhar para todas as despesas que estiverem relacionadas com a operação de transporte, como despesas operacionais, despesas administrativas, de pessoal e tributárias.

As despesas devem seguir, de certa forma, a seguinte:

- Receitas
  - Receitas com frete.
  - Receitas com frete de retorno.
- Despesas operacionais
  - Combustíveis com abastecimentos internos e externos.
  - Diárias.
  - Pneus: compra e manutenção, como reparos e recapagens.
  - Manutenção preventiva.
    » Lubrificação.
    » Alinhamento e balanceamento.
    » Manutenções preventivas conforme orientação do manual por KM ou tempo (MP1, MP2, MP3).
  - Manutenção corretiva.
    » Compra de peças.

- » Serviços.
- » Danos contra terceiros.
- Pedágios e balsas.
- Taxas de descargas.
- Licenciamentos.
- Seguros de veículos.
- Seguros de carga.
- Despesas administrativas: caso as despesas administrativas sejam compartilhadas com outro CNPJ, é interessante considerar um rateio com uma % proporcional à utilizada na operação de transportes.
  - Aluguel.
  - Energia.
  - Água.
  - Manutenção predial.
  - Material de escritório.
  - Receitas e despesas financeiras.
  - Outras despesas administrativas: cartório, despesas jurídicas, lanches, telefone, internet, consultorias, softwares, rastreamento, uniformes e crachás etc.
- Despesas com pessoal
  - Folha de pagamento.
  - Premiações variáveis e gratificações: esta política pode ser bastante útil para implementar uma série de regras que incentive o motorista a manter o veículo sempre em boas

condições e evitar custos desnecessários. Os principais critérios estão na seção de indicadores de produtividade dos motoristas.

- Encargos.
- Férias: interessante utilizar o provisionamento anual para que não haja alteração no KM rodado nos meses com mais férias.
- Décimo terceiro: interessante utilizar o provisionamento anual para que não haja alteração no KM rodado nos meses de novembro e dezembro.
- Rescisões e multas.
- Benefícios (seguros, planos de saúde, ticket alimentação etc.).
- *Pró-labore*.
- Exames admissionais e demissionais.
- Contribuição sindical.

- Despesas tributárias
    - INSS.
    - PIS e COFINS.
    - IRRF.

A depreciação, caso não apareça nos relatórios gerenciais, pode ser acrescida manualmente. Já os investimentos não devem ser considerados, como aquisição de novos veículos, receita com revenda de veículo, compra de baú etc.

Uma vez que conhecemos a estrutura de despesas, devemos comparar com a quilometragem rodada no mesmo período para encontrarmos o valor em R$/KM que será a base para as políticas de rotas e estratégias de logística com o frete.

POLÍTICA DE ROTAS

Conhecendo o custo interno por KM rodado, devemos olhar agora para as regiões e rotas e definir as políticas de rotas baseadas no histórico de vendas. Esse histórico deve levar em conta pelo menos 90 dias de vendas, mas, se possível, deve olhar também o ciclo anual completo dos 12 últimos meses para garantir que toda a sazonalidade tenha sido contemplada.

Essa política é definida considerando os passos a seguir:

- Histórico da rota:
  - KM médio realizado: como já sabemos o custo por quilômetro rodado, já definimos a despesa média com frete para uma rota.
  - Frete cobrado: calcular aqui o valor médio cobrado por carga.
  - Faturamento médio por carga.
  - Modelo do veículo utilizado e sua taxa de ocupação (por peso, cubagem ou número de entregas).
  - % despesas com relação ao faturamento: utilizar a despesa por KM, dividindo pelo faturamento.
  - % frete cobrado: aqui já podemos avaliar se o que está sendo repassado de frete é o suficiente para cobrir as despesas. É interessante entender as regras de cobrança de frete e avaliar se existe alguma oportunidade de alteração (por peso, por distância, por cubagem, por peso cubado, tipo de cliente, característica do produto etc.).
  - Principais produtos vendidos.

Conhecendo os históricos supracitados, seguimos com a política da rota, composta por:

- Valor mínimo da rota para faturamento e entrega. Esse valor é calculado levando em conta a despesa da rota, ou seja, quanto devemos vender para cobrir as despesas com frete.
- O modal a ser adotado (rodoviário, ferroviário, hidroviário, aéreo ou misto), sempre o que tiver menor custo e atender aos prazos de entrega.
- O modelo de veículo ideal para atender à demanda da rota e garantir uma máxima taxa de ocupação.
- Frequência de montagem de cargas e prazo de entregas. Aqui é essencial que seja definido em conjunto com o time de vendas, pois é o que será prometido para o cliente e irá definir seu nível de satisfação. Também é por onde é iniciado o principal indicador de logística, o OTIF, que veremos na seção a seguir.
- Estratégias de MIX: aqui é possível definir estratégias por rota e por produto para facilitar a equipe de vendas a ter uma "carta na manga" de produtos que abrem o pedido. Uma estratégia muito similar ocorre com um arroz em um supermercado, por exemplo, que tem uma margem muito baixa, mas que serve para atrair o cliente para dentro da loja e "abrir" o pedido.
- Viabilidade de terceirização por rota, olhando sempre o custo para realizar a entrega comparado ao custo para o terceiro realizar a mesma entrega. Em operações com demandas sazonais é comum terceirizar o excesso de demanda e internalizar somente aquela que é conhecida e estável.
- Viabilidade de centros de distribuição avançados, permitindo utilizar a entrega em rotas com distâncias maiores em duas

etapas, com um veículo maior saindo do centro de distribuição com várias rotas até um centro de distribuição avançado, geralmente um galpão sem estoque, e realizar um transbordo para veículos menores que irão concluir as entregas de "última milha". O objetivo é ganhar tempo de operação e redução de custo total.

INDICADORES DE TRANSPORTE

Como toda operação de alto nível, a gestão da logística deve sempre olhar para alguns indicadores-chave com muita atenção. Os principais indicadores são:

- Custo por KM rodado. É a base para a definição da política de rotas e pode variar a cada ciclo, com alterações de preços de combustíveis, peças e pneus, e deve ter o seu ciclo de gestão mensal.
- Eficiência de frota. Todo veículo próprio só gera lucro a partir do momento em que ele está na estrada realizando entregas. Ele é composto pela multiplicação de dois indicadores de frota:
  - Taxa de ocupação do veículo, que, como vimos, é o aproveitamento do baú a cada viagem; quanto maior esta taxa, mais faturamento por carga e, consequentemente, menor a % de despesas.
  - Taxa de utilização do veículo, cálculo baseado na quantidade de dias que ele está em utilização dentro de um mês. Então, se considerarmos um mês com 30 dias, chegamos a esta taxa dividindo a quantidade de dias que o veículo ficou em rota pelos 30 dias do mês.

- Produtividade do motorista. Aqui é interessante olhar para a equipe de entregas e definir indicadores que possam compor o ganho variável do motorista e, ao mesmo tempo, evitar despesas desnecessárias durante as entregas. Observe alguns indicadores comuns no mercado:
    » Quantidade de entregas.
    » % da NF.
    » Peso da carga.
    » Bater a meta de consumo de combustível.
    » Pendências de acerto de cargas.
    » Cumprimento do registro de ponto.
    » Avarias.
    » Prazo de entrega.
    » *Checklist* de saída e chegada do veículo.
- *On Time In Full* (OTIF). Este é o principal indicador de transporte, pois é ele que define o nível de serviço que conseguimos atingir e é o que garante a satisfação do cliente. Ele é composto por dois indicadores, *On Time* (OT) e *In Full* (IF).
    - *On Time:* é a entrega dentro do prazo, conforme pré-estipulado por rota e acordado com o cliente. É importante ressaltar que uma entrega dentro do prazo não é uma entrega realizada nem antes, nem depois da faixa de tempo acordado. Sim, uma entrega com muita antecedência é uma entrega fora do prazo e poderá levar a devoluções e a insatisfações do cliente, então sempre existe uma janela de tempo em que a entrega deve ser realizada.

- *In Full*: é o pedido completo, ou seja, é o cumprimento do pedido conforme realizado pelo cliente, com o produto certo, sem avarias, sem devoluções, sem faltas e sobras.

Para se calcular o OTIF é desejável que se tenha o horário de entrega por nota fiscal, assim é possível identificar se a janela de entrega foi cumprida. Caso não se tenha essa informação, é possível calcular esse indicador olhando para a data de chegada do veículo, o que torna um indicador menos preciso, mas já é um começo para operações menores.

CONCLUSÃO

E, ASSIM, CHEGAMOS AO FINAL de nossa viagem pelo vasto e fascinante universo da logística. Juntos, navegamos pelas correntes da cadeia de suprimentos, desvendamos os mistérios da demanda, discutimos sobre gestão de estoque, exploramos os bastidores dos armazéns e as estratégias de transportes. Cada página deste livro foi escrita pensando em você, buscando lhe oferecer dicas e estratégias que poderão ser úteis para sua vida profissional e pessoal.

A logística, como descobrimos, não é apenas uma ciência de mover coisas de um lugar para outro. É a arte de conectar, de fazer com que as engrenagens de cada etapa do comércio girem suavemente, a arte de trazer sorrisos aos rostos dos clientes quando recebem exatamente o que desejam, quando desejam. Em um mundo que muda a cada piscar de olhos, ser ágil e adaptável em logística é o que nos mantém à frente.

Ao fechar este livro, quero que você se lembre de uma coisa: a logística é sobre pessoas. É sobre você, eu e todos nós, trabalhando juntos para tornar o mundo um lugar melhor e mais conectado. A jornada pode ser longa e, às vezes, complicada, mas com paixão e determinação as recompensas são inestimáveis. É um campo que exige aprendizado contínuo e adaptação. Então seja curioso, siga aprendendo, busque inovações e, acima de tudo, continue conectando. O mundo da logística espera por você.

grupo
novo
século

Compartilhando propósitos e conectando pessoas
Visite nosso site e fique por dentro dos nossos lançamentos:
www.gruponovoseculo.com.br

‹ns

FACEBOOK/NOVOSECULOEDITORA
@NOVOSECULOEDITORA
@NovoSeculo
NOVO SÉCULO EDITORA

gruponovoseculo
.com.br

Edição: 1ª
Fontes: Roboto e Silva Text